山东省委宣传部　组编

崇先祖 重道统
——中华文化与民族精神

颜炳罡 著

传统文化与社区（乡村）文明读本
主编 颜炳罡

中华书局　齊鲁书社

图书在版编目（CIP）数据

崇先祖　重道统：中华文化与民族精神/颜炳罡著. —北京：
中华书局,2017.9
（中华优秀传统文化大众化系列读物）
ISBN 978-7-101-12589-4

Ⅰ.崇… Ⅱ.颜… Ⅲ.中华文化-研究 Ⅳ.K203

中国版本图书馆 CIP 数据核字（2017）第 110574 号

书　　名　崇先祖　重道统——中华文化与民族精神
著　　者　颜炳罡
丛 书 名　中华优秀传统文化大众化系列读物
责任编辑　申作宏
出版发行　中华书局
　　　　　（北京市丰台区太平桥西里 38 号　100073）
　　　　　http://www.zhbc.com.cn
　　　　　E-mail:zhbc@zhbc.com.cn
印　　刷　北京市白帆印务有限公司
版　　次　2017 年 9 月北京第 1 版
　　　　　2017 年 9 月北京第 1 次印刷
规　　格　开本/710×1000 毫米　1/16
　　　　　印张 13¼　插页 2　字数 150 千字
印　　数　1-4000 册
国际书号　ISBN 978-7-101-12589-4
定　　价　29.00 元

总　序

　　中华文化是中华民族的根与魂，是中华民族独特的精神标识与精神血脉，是中国人民的精神家园。作为世界四大文明古国中唯一延续至今且依然具有旺盛生命力的中华文明，既需要薪火相传，代代相守，又需要推陈出新，与时俱进，已经成为或者正在成为21世纪中华民族的共识。问题是，怎样才能让中华文化继续传下去，又由谁守下去？ 如何才能保障中华文化推出的"新"是中华文化的"新"，而不是流质变异的"新"，这是我们应当深思熟虑的。

　　北宋时期有位名叫张载的哲学家，他有四句非常流行的话："为天地立心，为生民立命，为往圣继绝学，为万世开太平。"由于张载生于横渠镇，世称张横渠，这四句话又被后世学者称为"横渠四句教"。千百年来，不少学者将"横渠四句教"作为自己的历史使命以及为学的宗旨。往圣之学当然就是圣学，圣学即是圣道，而圣道就是"祖述尧舜，宪章文武，宗师仲尼"之道，是尧、舜、禹、汤、文、武、周公、孔子相传之道。此道之相传，唐代哲学家韩愈称之为"道统"。韩愈认为，道统由孔子传到孟子，孟子死了，这个道统就中绝了，需要他来拾起道统，再往下传，他就是"为往圣继绝学"。张载与韩愈一样，认为圣学不得其传，他要主动地承担起"为往圣继绝学"的重任。无论是韩愈，还是张载，其心灵都是哲学家的心灵,其心态都是文化精英的心态,这种心态显然是将自己高高架于普通民众之上,可以"秒杀千古"风流而悲壮地承担继绝学的文化使命。这种历代文化精英"舍我其谁"的担当意识固然令人可敬,但我们要问:为什么以担当圣道为自己历史使命的历代知识精英们,没有走出继了绝、绝了继的历史循环? 如何才能走出这一历史循环? 我们认为,解决的方案只有一个,那就是将文化传承的责任由少数知识精英孤独而悲壮的担当转化为全民族每一份子的共同义务。

中华文化薪火相传,代代相守,问题是孰为薪火? 我们认为人人尽可为"薪火",谁去守? 守护中华文化,中华儿女人人有责。在礼崩乐坏的春秋时代,孔子的学生子贡曾非常自信地说:"文武之道,未坠于地,在人。贤者识其大者,不贤者识其小者,莫不有文武之道焉。"(《论语·子张》)韩愈所谓的"轲之死,(道)不得其传焉",张载所谓的"绝学",张方平所谓的"儒门淡薄,收拾不住"等,都是精英文人忧道之不倡而发出的愤激之语,并非历史事实。套用子贡的话说,两千多年来,文武之道,孔孟之传,未坠于地,贤者识其大者,不贤者识其小者,莫不有中华之道焉,莫不有孔孟之学焉,何绝学之有?

《中庸》引孔子的话说:"道不远人。人之为道而远人,不可以为道。"道自盈天壤,无所不在,无时不在,在你身上、我身上、他身上,人皆有道,道就在我们日常生活里。子夏有言:"贤贤易色,事父母能竭其力,事君能致其身,与朋友交言而有信。虽曰未学,吾必谓之学矣。"(《论语·学而》)贤贤易色是夫妇之道,也是夫妇之学;竭其力是事奉父母之道,也是事奉父母之学;致其身是事君之道,也是事君之学;言而有信,是交友之道,也是交友之学。人间的一切道德实践活动无不是在行道、履道、为道,道何尝远人? 此道何尝失传,何尝绝? 近代以来尤其是

"五四"以来,激进的知识分子有感于中国贫穷落后、任人宰割的悲惨现实,认为这一后果是由我们的传统文化造成的,于是起而激烈地批判、否定传统文化。什么讲礼教都是吃人的,吃人的都是讲礼教的,"仁义道德"吃人等,以愤激之语,发震天之声,他们可以使道隐而不彰,但无法绝道、毁道。

文化不应是少数知识精英孤芳自赏的存在物,而是普罗大众的生存方式、生活方式。以文化人,以文育人,以文成人,这是文化本身的意义。以文化人,是自化,还是他化? 以文育人,是自育,还是他育? 换言之,谁化谁育? 化谁育谁? 我们的回答是:凡是人,皆须化;凡是人,皆须育;凡是人,皆须成。孔子讲"为仁由己",更多地强调人的自化、自育、自成,孟子要求"先知觉后知,先觉觉后觉",由先知先觉者去化、去育、去成后知后觉者,更多地强调他化、他育、他成。既强调自我迁善改过、自我转化、自我培育、自我养成,又强调他化、他育、他成,是中华文化在理想人格成长问题上的特点。作为知识分子尤其是人文知识分子,既有自化、自育、自成的天职,也有化他、育他、成他的历史使命和责任担当。

本套丛书的作者都是中华文化的爱好者、研究者,大都长期站在高校教学的第一线,又长期躬身于当代文化的实践活动,或乡村,或社区,或走进企业,或出入于机关,从事着中华文化的传播工作。在长期的工作实践中,我们深深体会到中国的普通民众需要什么,在读书中他会期待什么,本套丛书作为学者撰写的大众读物,力求铺就一条由学术神圣殿堂通往百姓日常生活的道路。

1. 贯通古今，实现由传统文化向现代文化的转化

　　中华文化源远流长，历经几千年之发展，有古今之异，文白之分。传统文化的经典大都是用文言文写成的，而今天我们所使用的语言是白话文，对于广大读者而言，读传统文化的读物，马上面对的就是"文字障"，不识其文，何以了解其意？不解其意，何以身体力行？贯通古今首先要在文字上贯通文言文与白话文，帮助读者克服文字障碍，使文言文不再是了解古人思想的障碍，而是理解古人思想的凭借。本套丛书在写作上，要求作者对所有引用古人思想、名句、观点等文字进行精要说明，进而引伸发挥，实现触类旁通。

　　传统向现代的转化不仅仅是文字的，更是思想的。任何传统思想既是具时态的存在，也有超时空的意义，研究传统文化并不是要求当代人穿越时空回到古代去，而是让古人及其思想穿越时空来到今天，一句话：做到古为今用。冯友兰先生的"抽象继承法"不失为由传统向现代转换、贯通古今的有效手段与方式。的确，今天我们不必再去追问"学而时习之"在孔子时代具体学的、习的是什么，射箭、驾牛车或马车，这些当代社会不必人人皆学，但"学而时习之"告诉人们，无论学什么都需要习，不管是音乐、绘画、书法、数学、语文，还是物理、化学、生物、地理等，都要"学而时习之"，其抽象意义至今没有过时。编委会要求作者们对古圣往贤的思想、命题、观念进行因时转换，创造性发挥，指出当代社会可行、可操作之点。

2. 铺平沟壑，实现由学术话语向百姓语言的转化

　　当代中国，高校林立，研究机构、研究院所多得不胜枚举，加上当代

学者大都十分努力勤奋，每年出版的学术著作数以万计，而期刊杂志刊发的学术文章远远多于出版的著作。不过，这些学术著作与学术论文最上乘的也不过在"为往圣继绝学"而已，与百姓无关，学术已远离百姓生活，学术归学术，百姓归百姓。不少学者久已习惯于钻入象牙塔，孤芳自赏，感叹着曲高和寡，而百姓所饥渴的精神世界只好找些"心灵鸡汤"去讨生活，当学术话语不再理会百姓生活的时候，百姓自然也不再关心学术。

中华文化一向以"极高明而道中庸"为特质，高明的思想高到极致就是平常道理，反过来，极为平常的道理又何尝不是最高明的道理，神圣与凡俗之间是相通的，不是二分的。翻开《论语》，打开《孟子》，没有故弄玄虚，也不会故作高深，更不会拒人千里。我们要求作者化神圣为凡俗，摒弃学术八股，将学术性话语转化为百姓日用话语，以学者的严谨作通俗之文，但通俗而不庸俗。

3. 融合事理，实现玄远之思想向百姓日常生活的转化

西人有言：理论是灰色的，而生活之树常青。如何实现灰色的理论与常青的生活之树之间的无缝对接，似乎是中西理论共同遇到的难题。我们认为，这一问题的解决不是就理论而言理论，而是在生活中不断发现理论、解释理论、验证理论与升华理论，让灰色的理论不再灰色。无庸讳言，中华传统文化尤其是传统哲学的确有深刻、玄远、抽象的一面，如《中庸》《周易》《老子》《庄子》等，这些经典到处充满着艰深晦涩的思想，在经典解释中也有繁琐、人人言异、让人无所适从的一面，如"格物致知"这一命题到明末的解释就有72家之说，这些问题是我们每一位传

统文化研习者都遇到的挑战。

在我们的作者队伍中，大都是乡村儒学、社区儒学的讲师，多次面对普通百姓讲学，如何将灰色的理论讲得百姓愿听、爱听，每一位学者都有自己的心得。我们认为以事言理、以理统事、事理相融是化灰色为常青的有效途径。任何高深的理论总有历史上与现实中的典型事例与之相对应，而任何典型案例都具有类型、典范意义，理是事之理，事即是理，理是玄远之理论，事即活生生的现实生活。王阳明判父子争讼既是事，又是理。韩贞向野老说"良心"，将"不可道"之"常道"，以生活之事说出来，让野老恍然大悟。我们力求用百姓的语言讲出玄远之理，实现玄远之理与百姓日常生活的有机相融，无缝对接。

中华文化不离人伦日用，道就在人伦日用之中。人伦日用即生活，生活即人伦日用。离开人伦日用就没有生活，离开生活就不是人伦日用。面对全球化大潮，中华文化要薪火相传，代代相守，不过前提是可传、能传，可守、能守。何为可传、可守？我们认为关键是其能否落实为"人伦日用"，在当代人的生活中是否还有其用，这里的"用"就是价值，有用就是有价值，无用就是没有价值。修身是用，齐家是用，治国是用，平天下还是用，修、齐、治、平无不是生活，无不是用。而用首先是落实为百姓之用、大众之用。本着这一原则，本套丛书分别从中华文化与民族精神、儒家文化、道家与道教以及修身为本、齐家有道、生活礼仪、乡规民约等方面切入，既让大家了解中华传统文化的基础知识，感悟中华文化的博大精深、源远流长，又能从古圣先贤那里学到做人的道理、生活的智慧等。

本套丛书的整体设计、写作思路是凝结编委会成员及众多学者的智慧而成的，而每一分册，甚至每一章、每一个标题都经过了大家反复讨论，多次论证，都渗透着众多学者的心血。我们长期从事学术研究，已经习惯于写作学术专著与学术论文，深知为文之艰难，而将学术成果转化为大众可亲近、可接受、读得懂且愿意读的作品更非易事。我们相信，中华文化的传承与发展不仅仅是少数知识精英的名山事业，更是中华民族每一份子的责任承担。文化只有走进寻常百姓之家，只有化为大众的生活方式与精神追求，才能滋养文化永续生长的丰厚而肥沃的土壤，中华文化的薪火相传、代代相守、推陈出新、与时俱进，才能有客观保证。

由于我们学识所限，本套丛书肯定存在着这样或那样的不足，甚至是错误，竭诚欢迎方家予以指正为盼，以利我们下一步的修正与提高。

颜炳罡

2017年2月18日

目　录

前　言

　　2016年夏季，山东大学毕业典礼在中心校区体育馆隆重举行，全校20多个学院的院长先后致辞。在众多致辞中，引起全场行将毕业同学共鸣的一句话是："凡我所在，即是山大。"作为山东大学儒学高等研究院的代表，我的致辞被安排在最后。我说：脚踏着齐鲁大地，呼吸着仁义的空气，从儒林杏坛走出的莘莘学子们，既要有"凡我所在，即是山大"的担当，更要有"凡我所在，即是中国"的气魄。此语一出，全场一片欢呼，引发全场师生更加强烈的共鸣，这种强烈的共鸣不是因我的讲演水平高，而是"中国"二字扣动着全场青年学子的家国心弦。

　　"凡我所在，即是中国"。什么是中国？ 中国者，礼义之国也，人类四大文明古国中唯一未中断的文明。传统中国是礼义之邦，文明的象征。古人有云：人身难得，中国难生，就是说生在中国是多么幸运的事情。礼义文明需要每一个人去体现，去传承，任何一个中国人走到世界任何角落都展示着中国人的形象，其言谈举止都体现着中国人的修养、情怀，人们会根据每一个中国人的言行来判断中国人的文明程度。此时此刻，我想起钱穆先生《国史新论》中讲到的丁龙的故事。

　　美国哥伦比亚大学专设"丁龙讲座"，是为介绍、研究中国文化尤其是中国思想而专设的讲座。南北战争时期，有一位家住纽约的退休将军，一生独居，对所用工人，一不高兴，非骂即打，工人来一个跑一个。有一位名叫丁龙的山东人，来到将军家。这位将军照样打骂，丁龙也生气跑了。不久，将军家里发生了火灾，丁龙回来了。那位将军很诧异："你怎么又来了？"丁龙说："听说你的房子被火烧了，正需要人帮忙。我们中国人讲孔子忠恕之道，我想我应该来。"那位将军更惊异，说："孔子是中国几千年前的大圣人，你还能读中国古书，懂你们中国圣人之道？"丁龙说："我不识字，不会读书，是我父亲讲给我听的。"那位将军就说："那你父亲是一位学者。"丁龙说："不是，我父亲也不识字，是我祖父讲给他听的，连我祖父也不识字，是我曾祖父讲给他听的。再上面，我也不清楚。总之我家都是不读书的，是种田的庄稼汉出身。"那位将军留下了丁龙，从此二人成了朋友。丁龙临死时交待将军："我没有家，也没有亲戚朋友，所有你给我的钱，都在这里。现在我要死了，把这些钱送还你，本来也是你的钱。"这位将军更惊异了，想怎样的中国社会会出这样的人？于是他就把丁龙这一小笔留下的薪金，又捐上自己一大笔，一起捐给哥伦比亚大学，要求在那里特别设立一个讲座，专门研究中国文化，这讲座就叫"丁龙讲座"。

丁龙所在，即是中国。丁龙世代务农，在他记忆里，从他到父亲、祖父、曾祖父，没有识字的，都没有读过书，但他们世代相传、辈辈恪守着孔子的教导，实践着孔子做人的道理，这是一位真正的中国人，是一位真君子，说他是贤人也完全够格。他来到美国，代表了中国人的形象，他以他的修为、善良感化了那位美国将军。中华文化不仅仅在书本里，民族精神体现在每一个有良知、有教养的中国人的身上。"道不远人。人之为道而远人，不可以为道"。道就是中华文化的核心价值，就是民族精神，这些核心价值与民族精神正是通过千千万万个丁龙传承下去，弘扬开来。

与丁龙同时代,山东还有一位艰苦卓绝、令人敬仰的人物,这个人就是武训。武训(1836—1896年),山东冠县人。他赤贫如洗,目不识丁。在恶霸地主、讼棍李老辫家扛活三年,李老辫见他不识字,造假账说他工钱已领。工钱因不识字被这位黑心讼棍给赖掉了,武训深感穷人不识字就会受人欺负,遭人陷害,他发誓要兴义学。他以儒家人溺己溺、人饥己饥的精神,靠行乞、干脏活累活、拿大顶等种种艰苦卓绝的方式,决心"修个义学为贫寒",终于建成三处向穷人开放的义学。武训不信佛,不信道,也没有加入基督教,他所有凭借,都是祖辈传下来的圣贤教诲,"人凭良心树凭根,各人只凭各人心"(武训语),武训乃孔门之圣徒。道不远人,道在哪里? 就是在武训、丁龙等人身上。状元、进士、举人乃至今之学者,有知识、有文凭、有学衔,但未必知道、了道与体道。丁龙、武训等普普通通的百姓,却成了以身担道的典范。

道在哪里? 在每一个中华儿女那里。中华文化在哪里? 文化是一个民族的生活方式,我们的日常生活无不是中华文化的体现,大家习焉不察罢了。如"年"这一节日,就是我们古老文化的集中展示。过年,又称过春节,它是华人世界最为普遍、最为盛大的节日,是存在已久、活在当下、延展到未来的文化传统。过年了,回家去! 不管车票是多么难买,也不管路途要经过多少曲折,即使骑上摩托,哪怕是冰天雪地,也挡不住众人回家的路。年,这一文化传统,对华人而言,究竟意味着什么?

"回家"何尝不是华人集体无意识地对生命根源的一次回溯与呵护。孔子说:"父母在,不远游。游必有方。"家,是我们生命诞育的摇篮,父母是我们生命的直接源头,回家过年是对生命源头的回溯,孝敬父母是对自己生命之本的呵护与滋润。树有根,水有源,人有来处,家就是我们生命的来处,我们是父母乃至祖宗生命的延续。春节前,我正在收拾行囊,准备回家,一位七十多岁的教授向我发问:"回家过年?"我回答:"是。"这位老教授十分感叹,"父母在,有家可归。可惜,我父母都去世了,已经无家可归了"。从老教授一丝凄凉的叹息中,我们所有人都能嗅出回家的意义,孝敬父母的意义。孝,不仅仅是为了报答、感谢父母生育之恩。孝,实质是对自己来路、生命源头的呵护、滋润。树只有根深,才能叶茂,本固才能坚强,对人而言,何尝不是如此。善事父母自然是孝,而回报乡梓,造福乡亲乡邻,济危扶困,多行善举义举,也是孝的体现。

传统过年,每家每户都有祭祀活动,祭天、祭地、祭祖宗,无处不祭,无有不祭。中国人认为,山有山神,河有河神,门有门神,灶有灶君,甚至家中的每一件器物都有神灵,都要贴上一个红纸写的"酉"字。一切都有神灵,也就是一切都有生命,都是人的生命与延续不可或缺的要素。"亲亲而仁民,仁民而爱物",无不为祭,恰恰反映了中国人在辞旧迎新、一元更新之际对天地万物的感恩,对天地万物的敬重。"先祖者,类之本",祭祖宗是对自己类存在意识的觉醒与礼敬。"天地者,生之本",祭天地是对自己生命最终来源的礼敬。祭山川草木乃至一切物,是因为这些山川草木给予人生存与永续发展的滋养。腊月二十三日晚上辞灶,除夕一早迎灶,灶君即灶台之神,中国人认为,灶君是沟通天人的重要媒介、传话筒,要求灶王爷"上天言好事,下界保平安"。中国人常说"人在做,天在看","头顶三尺有神灵",甚至连灶台的灶君都是你的"监察官"。

贴春联是一次全民性自我教育。任何春联都是富有哲理、劝人积德向善的名言警句,都具有深刻的教育意义。贴什么样的春联,反映了一个家庭的文化修养、价值趋向。大家在走亲串友,相互道贺新年的时候,走进一户人家首先看到的是春联,接受的是教育,走多少家就接受多少家的教育。当享受过年欢乐的时候,就是在享受"年文化",就是生活在中华文化之中。这正是"仁者见之谓之仁,智者见之谓之智,百姓日用而不知"。

　　文化是一个民族的生活方式,中华文化就是中华民族的生活方式。中华民族的每一份子都是中华文化的传承者,都是民族精神的体现者。我曾说过:"儒学从来就不是少数哲学家、思想家、历史学家的奢侈品,而是民众的生活向导,是人们的生活规范系统。"套用在这里,中华文化从来不是少数哲学家、思想家、历史学家的奢侈品,而是民众的生活方式、成长方式,传承中华文化、践行民族精神是中华民族每一份子的历史使命。如果说"为往圣继绝学"是少数知识精英的历史担当的话,那么21世纪"为往圣开新学"就是中华民族每一份子的责任。中华文化只有落实于民众的生活方式,道的传承由少数知识精英孤绝的自我担当转化为全民性参与,中华文化作为"我"的精神标识,才能熠熠生辉!

第一章　何谓中华文化

太平洋西岸,帕米尔高原以东,茫茫大漠以南,曾母暗沙以北,中华民族共同体在这片广袤的土地上繁衍生息,创造了辉煌灿烂的物质文明与精神文明,为世界文化的发展与人类文明的进步做出了重要贡献。

一、何谓中华文化

中华文化又称中国文化、华夏文化,她是由生活于中华大地上的各族人民共同创造的物质财富与精神财富的总和。

1.文化与文明

我们时而会听到有人说中华文化上下五千年,又有人说中华文明上下五千年,究竟是中华文化五千年呢? 还是中华文明五千年呢? 文化与文明是一回事吗? 理清这一问题,我们应首先搞清楚什么是文化,什么是文明。

文化与文明是一个近义词,甚至有些学者将其当作同义词来使用,在他们那里中华文化就是中华文明,中华文明就是中华文化。不仅中国学者这样,国外也有学者将文化与文明视为一个东西。著名的文化人类学家爱德华·泰勒在《原始文化》一书中指出："文化，或文明，就其广泛的民族学意义来说，是包括全部的知识、信仰、艺术、道德、法律、风俗以及作为社会成员的人所掌握和接受的任何其他的才能和习惯的复合体。"①泰勒认为，文化就是文明，文明也就是文化，它们是全部的知识、信仰、艺术、道德、法律、风俗以及才能、习惯的复合体。

不过，在英语世界里，文化与文明不是一个词，而是两个词，但这两个词的意义的确相近或者说部分意义交叉、重叠。我们将英语 culture 翻译为文化，而将 civilization 这个词翻译为文明。culture 源于拉丁文，有耕种、修整意义，代表着人的教养、修养或文雅，相当于中国人说的这个人有文化，即博学多识、有修养。civilization 这个词在英语里是指人类在文化上、技术上、科学上所达到的发达状态。两词有时也是同义词，但作为同义词使用时，civilization 偏重用于物质方面的表达，culture 偏重用于精神层面的表达。

在汉语世界里，文化与文明两个词同样有同有异。汉语世界里，先出现文，再出现文化。《说文》："文，错画也，象交文。"意思是说"文"是交错的花纹。象形字，像纹理交错的形状。《庄子·逍遥游》："越人断发文身。"越人指越国人，断发即剪发，文身即今天的纹身，在身上刺花纹。有的学者认为文就是"文身"的文，甲骨文、金文的"文"字像人正面站立，胸前刻有文饰。许进雄认为：文像尸体胸上刺有美化丧仪的花纹之意，"刺纹是种美化工作，故文引伸为文学、优雅等需要修饰的事物。"②木有纹，石有纹，仔细观察，天地间一切事物无不有纹，看得见的事物，

① 爱德华·泰勒著，连树声译：《原始文化》，桂林：广西师范大学出版社，2005年，第1页。
② 许进雄著：《中国古代社会：文字与人类学的透视》，台北商务印书馆，1995年修订版，第403页。

看不见的精神、思想等，都呈现出条理、规律，故《礼记·乐记》说"五色成文而不乱"，"文"指的就是有条有理。到孔子时代，文的含义更加丰富了，如"博学于文"（《论语·雍也》），"行有余力，则以学文"（《论语·学而》），"子以四教：文、行、忠、信"（《论语·述而》），这些"文"是指历史文献方面的知识。"质胜文则野，文胜质则史，文质彬彬，然后君子"。（《论语·雍也》）这里的"文"是指一个人的自我修饰、修养。对自己身体的修饰相当于今天的化妆，妆化过分了，让人看了不舒服，显得特矫情，对自己的行为要修饰，要讲究礼仪仪节，过多的仪节考究也显得矫揉造作，孔子要求人们一定要将自己的修饰与自己的内在精神世界相配合，而且二者要配合得恰当。"文王既没，文不在兹乎？"（《论语·子罕》）这里的"文"是指礼乐文化或礼乐文明。

"化"通常与"变"联系在一起，称之为"变化"。不过，在古代，变与化不同。"化而裁之谓之变"（《易传·系辞上》），化是过程，变是结果。化是渐变、量变，而变才是质变，是变之极。有个成语叫潜移暗化或潜移默化，化是不知不觉之中自然发生的。《黄帝内经》认为"物生谓之化，物极谓之变"，即事物由小到大的生长过程就是化，如冰块一点一点地消融，人们说冰化了，但生长到极致向另一事物转化就是变。如蝉蛹由小慢慢长大，这叫作化，长到一定程度由蛹成蝉的过程就是变。北宋哲学家张载认为，"气有阴阳，推行有渐为化，……'化而裁之谓之变'，以著显微也"（《正蒙·神化》）。朱熹也有与张载大致相同的表述。《庄子·逍遥游》中的说法与此不同：北海里有条鱼，其名为鲲，它大到不知有几千里，"化而为鸟，其名曰鹏"，这里的"化"是指事物形态或性质的改变，由鱼化鸟，由水中的生物变为可以在天空中飞翔的生物，其实，这是《庄子》一书的作者将化视为变了，变与化在中国古代时或互用。教化、文化之化都不是质变，而是渐变，潜移默化最能表达"化"的意义。

在中华文化中，"文明"一词的出现可能早于"文化"。《尚书·帝典》中就有《舜典》："濬哲文明，温恭允塞。"孔颖达疏："经纬天地曰文，照临四方曰明。"《易·明夷·象传》："内文明而外柔顺，以蒙大难，文王以之。"这里的"文明"主要指向人的内在德性。文化有时与文明一同出现。《易·贲·象传》："（刚柔交错，）天文也；文明以止，人文也。观乎天文，以察时变；观乎人文，以化成天下。"天文就是天道自然运行的规律与条理，如春夏秋冬的依次交替，每一年都有一个轮回；月亮盈亏，每个月都有一次；太阳的东升西落，每一天都周而复始，等等，这些无不有规律、有条理。"文明以止"即止于文明，如《大学》所讲"明明德，亲民，止于至善"，"至善"是《大学》之止，何处是人之所止，哪里是人之应止、人所当止，这就是"文明"。文明即因文而明，由文而明，由明文而文明。"文"即孔子所说的"文王既没，文不在兹乎"之"文"，代表着体现中华民族教养的礼乐文化。礼乐昌明了，礼义昌明了，人文就显豁了。"人文"就是人道、人伦，人间社会运转的规律与法则，依照人伦、人道的原则，安其所安，位其所位，行其所行，就是"文明以止"。"观乎天文，以察时变"，就是通过对天道自然运行规律、规则的观察，可以了解、知道春夏秋冬的交替。"观乎人文，以化成天下"，了解了人伦之道，就知道怎样实现天下大治了。"文化"一词在汉语世界里，是"人文化成"的浓缩。

"文"与"化"合在一起称文化，至晚到《说苑·指武》已经出现，所谓"圣人之治天下也，先文德而后武力。凡武之兴，为不服也。文化不改，然后加诛"。文化是以文德化之。每一个人先天都是质朴而无文，自然人就是没有经过礼义教化的人，文化就是以人文教化之、以文德教化之、以礼义教化之，使人由自然人转化为社会人、道德人、有教养的人。

人格教育、养成是文化的原始意涵,然而随着历史的发展,文化的含义不断扩展,形成了今天意义上的文化。

梁漱溟是现代中国研究文化哲学的巨匠,他曾给文化下过一个定义。他说:文化"不过是那一民族的生活样法罢了。"①梁先生点出了文化的本质。文化只有本质不行,还要有内容,从内容的角度讲,梁漱溟认为,文化不过是一个民族生活的种种方面。归纳起来有三:

(一)精神生活方面,如宗教、哲学、科学、艺术等是。宗教、文艺是偏于情感的,哲学、科学是偏于理智的。

(二)社会生活方面,我们对周围的人——家族、朋友、社会、国家、世界——之间的生活方法都属于社会生活一方面,如社会组织、伦理习惯、政治制度及经济关系是。

(三)物质生活方面,如饮食、起居种种享用,人类对于自然界求生存的各种是。②

梁先生对文化的认识相当深刻,至今仍然闪烁着理性、睿智的光芒。他以生活方式界定文化,从生活的内容指陈文化,独树一帜,既让文化触手可及,便于理解,也直透文化的核心。

1926年,胡适在《我们对于西洋近代文明的态度》一文中,对文化给出了自己的界定,且对文化与文明作了区分。他说:"文明是一个民族应付他的环境的总成绩","文化是一种文明所形成的生活的方式。"③胡适对文明与文化的说明不如梁先生讲得深刻,但他对文化与文

---

① 梁漱溟:《梁漱溟全集》第一卷,济南:山东人民出版社,1989年,第352页。
② 梁漱溟:《梁漱溟全集》第一卷,济南:山东人民出版社,1989年,第339页。
③ 陈崧编:《五四前后东西文化问题论战文选》,北京:中国社会科学出版社,1985年,第647页。

明的关系的解释令人耳目一新。文明是一个民族应付环境的总成绩，而文化是一种文明所形成的生活的方式，显然，这种对文化与文明既相互关联又相互区别的界定有着自己的意义。不过，应付环境同样是生活，不同的应付环境的方式就是不同的生活方式，在这个意义上说，文明也是文化。

20世纪末期，美国哈佛大学的亨廷顿教授抛出了一个重要观点，即文明冲突论。他对文化与文明作出了自己的理解。他说，"文明和文化都指人类整体生活方式，文明不过是文化的扩大"，两者都涉及价值观、规范、制度及思考方式[1]。又说"不同人民最重要的区别，不在意识形态、政治、经济而在于文化"。"人民以族谱、宗教、语言、历史、价值观和制度自我界定，他们和文化团体认同，包括族群、族裔、宗教团体、民族及最广义解释的文明定位"。[2]文化与文明密切相关，这是所有学者的共识，民族精神、信仰、价值观等是文化的重要组成部分同样为海内外学者的共识。

在这一基础上，我们认为文化与文明的关系是"一体两面"，"一体"是说两者有着共同指向，"两面"是说两者并不完全相同。打个比方说吧，手是一体，手心与手背是两面，有人指着手心说这是手，也有人指着手背说这是手，都没有说错，手心与手背虽然都可以称手，二者密不可分，但手心是手心，手背是手背，二者并不完全相同，文化与文明也应如是。

我们认为，文化有狭义与广义之分：狭义的文化是指人们的信仰、价值观、思考方式、礼仪规范、文学、艺术、科学等由人创造的一切精神性的存在物；广义的文化指人化的自然或自然的人化，凡通过人的活动进行

---

[1] 亨廷顿著，黄美裕译：《文明的冲突与世界秩序的重建》，台北：联经出版公司，1998年，第35页。
[2] 同上书第6页。

人为加工、留下人类活动印迹的、有正面意义的存在物都是文化,包括物质文化、制度文化、精神文化以及行为文化。文明是指文化所达到的程度、状态或展示的方式,有什么样的文化就有什么样的文明,反过来,文明程度决定了文化的高度。文化与文明一同发生,共同进步,携手而进。

具体到每一个人来说,文化与文明是人教养的标志。原始人的文化不发达,文明程度不高;生活于21世纪的现代人,也有许许多多不文明的举动实际上证明他没有文化,或文化程度不高。一个人文化尤其是文明程度的高低与一个人的学历无关,却与一个人的实际生活相连。一个人的学历再高也只能证明他有专业知识或专业技术,不能说明他有文化。相反,一个人学历不高,但他可能会有文化,文化或文明是一个人修养、生活态度、道德境界等的综合体现。一个没上过几天学的人,也可能有修养、有境界,待人有礼貌,处世得体。一句话,他很有文化或很文明;一个人即使博士毕业,但也可能无修养、境界低下,做人做事很不得体,也可能会不文明、没文化。斯文、儒雅就是中国人心目中的有文化、很文明。文化就是以文化之,文明就是以文明之,以文化人,以文育人,才能以文成人,最后成为一个斯斯文文的温温恭人。

2. 什么是中华文化

中华文化就是中华民族共同拥有的文化。她是由中华民族这个共同体,经过长期的历史演进与生活积累,所创造的物质与精神成果的总称。

"五十六个民族五十六朵花,五十六族兄弟姐妹是一家",道出了中华民族命运共同体的真实生存情况。中华民族是一个民族集团,是一个由五十六族兄弟姐妹共同构成的命运共同体、大家庭。在这个大家庭中，通过各种形式的联姻，已经到了"我中有你，你中有我"的境地，没有一个民族的血统是纯而又纯的。汉民族占到中华民族总人口的百分之九十六，但汉民族的血统也最为复杂。在中华民族的发展史上，华夏集团沿黄河流域由西向东移动，这一移动过程也是华夏集团与海岱东夷集团融合的过程。春秋时期，孔子"欲居九夷"，有人告诉他那里太落后了，孔子正言相告："君子居之，何陋之有？"（《论语·子罕》）可见，华与夷只是文化程度之高低，不是民族种性之优劣。两汉以来，中华民族呈现出由东向西、由北向南两大动态移动。两汉对匈奴的战争，迫使匈奴人向西推进，匈奴迫使其他民族西进，从而引起世界范围的民族大迁徙。中华民族东西移动对中华民族形成的影响小于不同民族的南北运动。西晋时期，乘中原大乱，北方的匈奴人、羯人、鲜卑人等大量移入中原，史称"五胡乱华"，而中原汉族的世家大族为躲避内乱，纷纷南迁，事实上造成了第一次民族大融合。两宋期间，契丹人、女真人、蒙古人不断南侵，最终蒙古人建立的元朝代宋而立，这是中华民族的第二次大融合。明末清初，满人入关，统一中国，建立清王朝，也可视为一次民族融合。今天在中国人的民族构成中，已经没有鲜卑族、匈奴族、羯族、契丹族等，但不是这些民族血缘上的DNA不存在了，而是这些民族或通过迁入内地，长期与汉民族通婚、相处，或通过自我汉化，已融入汉族之中了。在汉民族的不少人身上，可能流淌着匈奴人、鲜卑人、契丹人、羯人、柔然人、突厥人、党项人等这些原生活于中国北方的民族的血液，汉民族是融合众多民族的血脉而来。一些生活于中国大地的民族自觉接受汉化或主动采取汉化政策，说汉话，识汉文，接受儒家经典教育、礼仪传统，融入到汉民族中，成为汉民族中的一员了。在中华大地上，在长期历史的演进中，可以说没有一个民族是纯粹的、单纯的，只能说中华民族是个血脉相通、血浓于水的大家庭。

中华文化，从广义上说，可分为四个方面：一是物质文化，包括中国传统建筑如长城、故宫、孔庙、道观、佛寺、布达拉宫等，也包括日常生活的器物如传统瓷器、家具、服饰、玉器，甚至筷子等等，还包括祭祀、婚丧嫁娶等所使用礼器，乐器如鼎、编钟、编磬、二胡、马头琴、鼓、锣等等。举一切人化的自然以及人的创造物，无不是物质文化；二是制度性文化，如禅让制、分封制、君主制乃至科举取士等等；三是规范性文化，如习俗、习惯、礼仪以及人所特有技能、才艺等等；四是精神性文化，如信仰、价值观、思考方式、道德、文学、艺术、哲学、宗教等。

随着社会的发展，科学技术的进步，生产工艺的改良，物质文化、器物文明不断地更新换代，制度性文化与规范性文化也随着社会的进步而推陈出新，而精神性文化在有些方面却可以超越时空，跨越国界、族界，甚至历久弥新。本书所谓的中华文化，主要指精神性文化，尤其是中华民族在长期的历史发展中所形成的固有价值观、思维方式、礼仪规范、宗教信仰等精神层面的文化现象。

从精神层面论中华文化，可以从横与纵两个向度打开。从横的角度讲，就是"三教九流"。所谓"三教"指儒、释、道三教，"九流"指在中国历史上尤其是春秋战国时代出现的九大思想流派，即儒家、墨家、道家、法家、名家、阴阳家、纵横家、农家、杂家等，为九流。如加上小说家，就称"十家"，历史上有"九流十家"之说。先秦时期存在的"九流十家"或已消亡，或经汉武帝"罢黜百家，推明孔氏"，其他家的不少思想、理念已经融入儒家的思想体系之中；从纵的角度说，中华文化有春秋战国时期的诸子学、两汉经学、魏晋玄学、南北朝隋唐佛学、宋明理学等等。两汉以下，中华文化的基本格局是儒、释、道三教并行不悖。儒家是中华文化的主体，是中华文化的基础，也是中华文化的根源所在。道家与道教是对儒家文化的补充、辅助。佛教是外来文化，自传入中原后，不断与中华文化相结合，佛教实现了身份的转变，由外来文化演变为中华文化系统中的有机组成部分。

在儒、释、道三教中，儒家文化代表中华主流意识，儒家的孝、悌、忠、信、礼、仁、义、廉、耻、和是中华文明的DNA，是决定中华文化之所以为中华文化的最基础、最基本因素。儒家后来传入朝鲜、日本、越南、新加坡、马来西亚等地，有些学者称东亚乃至东南亚一些国家与地区为儒家文化圈。在中华文化系统中，儒家如饭，是须臾不可离的人情之常、人伦之常；道家与道教如保健品，它强调保真养生，护佑生命，对生命的舒展与心灵的放松有助益；佛法如药，其慈悲意识可以唤起人生命中最深层的精神诉求以及对生灵无我的关爱。明代有位名叫朱见深的皇帝，曾绘有一幅"一团和气图"，用图画的形式反映他对儒、释、道三教并行不悖、和平相处的愿望。图中绘有三人，一是儒家代表陶渊明，一是道教翘楚陆修静，一是佛教的著名和尚慧远。慧远隐居庐山东林寺，寺前是虎溪。相传无论是何人到访，慧远送客从不过溪。一日，陶渊明、陆修静结伴造访，相谈甚欢。二人离开时，慧远依依不舍，送客不觉过溪，三人相视大笑，这就是有名的"虎溪三笑"。这一故事可能是出于后人良好心愿的独撰，但儒、释、道三教的"一团和气"则既是中华民族良好的文化心愿，也基本反映了两千年来的中华文化事实。

3.中华文化的特点

中华文化又称中国文化，中华文化是从民族共同体的意义上讲的，中国文化是从政治实体上说的。中华文化也好，称中国文化或中国文明也罢，与世界上其他文化或文明相比，有着自己最为显著的特点。

站在世界文化角度，中华文化是最富有根源意义的文化系统，是世界四大文明古国中唯一延续至今且依然保持旺盛生命力的文明形态。无论是汤因比的二十六种文明模式说，还是亨廷顿所谓七大文明或八大文明类型，中华文明都是最重要、最古老的文明形态之一。从世界文化的意义上讲，"中国人在其整个历史上保持着同一种族和同一文化"，"中国文明的特点是统一和连续"。[①]这里的同一种族是指以汉民族为主体的中华民族这个大家族，这里的同一文化是指以汉语为母体、以儒家文化为骨干，以佛、道为两翼，以诸子百家为支脉，涵融藏、满、蒙、回、苗、纳西等族文化所综合而成的文化系统。一些古代文明古国如美索不达米亚文明、埃及文明、印度文明，这些古老文明或消亡了，或为其他文明形式取代了，或在蛮族的入侵下文化的创始者不再具有主体意义。中华文明虽然饱经患难，屡挫屡起，经历多次朝代更迭乃至不同民族统治，但仍然延续下来且至今仍然展现出旺盛的生命力。

中华文化一向关注人事，是以人为中心所展开的哲学说明，这是中华文化的另一个特征。文化特征是在比较中形成的，没有比较就没有鉴别，特征也就显示不出来。相比于西方文化而言，西方文化源头之一的希腊首重自然，中华文化首重人事；西方文化重物，中华文化重人；中华文化重德性，而西方文化重知性；中华文化重德慧，西方文化重智慧。由于中华文化重人事，古代的思想家大都是政治家、伦理学家；西方文化重自然，西方文化源头处的思想家大都是自然科学家。当然，这并不是说，西方只见物不见人，也不是说中华文化只见人不见物；更不能说中华文

---

① 斯塔夫里阿诺斯著，董书慧、王昶、徐正源译：《全球通史》，北京：北京大学出版社，2005年，第155页。

化只重人事,不关心自然,也不是说西方文化只重自然,不重人事;更不意味着中华文化只有德性,不言知性或西方只有知性而不言德性。人与物,自然与人事,德性与知性,德慧与智慧等等是一切文化共同面对的问题,但如何处理与看待这些问题,中西文化不同。中华文化无论六艺之教,还是诸子百家,还是儒释道三教,关注的重心是人的问题,是人的本性问题,是人如何成就理想人格的问题。无论是成圣成贤,还是成佛、成真人,都是人的问题。有的学者指出:中华文化重视人与人之间的关系,西方文化重视人与自然的关系,印度与中东文化重视人与神的关系,虽然有些笼统,但这个说法也有一定的道理。如果进一步讲,中华文化重视人、重人事,往往将自然拟人化,甚至山有情,水含笑,自然也是人。天是父亲,地是母亲,宇宙就是大家庭。"感时花溅泪,恨别鸟惊心"。(杜甫)"我见青山多妩媚,料青山见我应如是"。(辛弃疾)这里的青山、花与鸟,都是"人",都有人的情感。西方文化重物,往往将人"物化",法国哲学家拉美特利,写了一部书,书名就叫《人是机器》。斯宾塞则直接运用生物进化论说明社会变动规律。而中国古代的哲人则用人的德性说明生物。今年适逢鸡年,"鸡有五德"这一典故广为流传。汉代人写过一本书,名叫《韩诗外传》,首提鸡有五德,五德即文、武、勇、仁、信。雄鸡华冠高耸,火红艳丽,古人用以比喻文星高照,故有文德;鸡脚踏大地,保持斗距,随时可斗,象征英武刚毅,所以鸡有武德;有敌挑衅,敢于搏斗,这说明鸡有勇德;见到食物不独食,而是相呼同伴,这说明鸡有仁爱之德;雄鸡守夜不失时,定时鸣叫,这说明鸡有诚信之德。五德说实际上是将鸡人化了。

中华文化认为,宇宙及一切事物都是有机的、有序的整体,整体性思维是中华文化的第三个特征。我们常说中华文化重视天人合一,西方文化更多地强调天人二分，从中、西创世记的传说中就可窥见这种差异。中国有个古老的神话传说，这就是"盘古开天地"。盘古从天地中来，劈开天地后，最终将自己全部化为天地万物，复归于天地，这是最原始、最基本的天人合一。而《旧约》中的创世记，耶和华神创造天地万物与人，神与天地万物是创造者与被创造者的关系，它握有天地万物及人间一切的杀生予夺之权，是最后、最高的主宰。耶和华神依照自己的样式创造了人，让人管理、征服海里的鱼、空中的飞鸟、地上行走的一切动物，人是万物的主宰者、控制者。西方文化中的耶和华神不与天地万物为一，而中华文化的盘古与天地万物浑然一体，由中、西创世记神话可看出中华文化与西方文化的差异。

西方文化的哲学基础是原子论，中华文化的哲学基础是元气论。古希腊哲学家德谟克利特认为，世界上的一切事物都是由运动着的原子构成的，原子有大小、形状不同，没有质的差异，这一理论在西方具有深刻的影响。元气论是中国哲学的古老学说，儒家、道家等都对元气论有很好的发挥。元气论是说世界上的一切事物都是由气构成的，气聚为物，气散物消。原子是独立的个体，故西方文化崇尚个体自由；气是连续、连绵不断的存在物，彼此之间很难分开，故而中华文化崇尚人与人之间的有机联系，重群体。中华文化认为宇宙本身就是一个有机联系的整体，天、地、人被称为"三才"，三才之间相互联结，密不可分。中华文化重视家庭，古人常常会以家说事，宇宙是一个大家庭，天为父，地为母，万物都是天地生出的子女。北宋哲学家张载在这个意义上提出一个重要的观念——民胞物与。所有的人在天父地母的意义上说，都是同胞，万物都是人类的伙伴。"天下一家""四海之内皆兄弟"这些耳熟能详的话语，都反映了中华文化的整体观。

中医与西医的差异最能反映中西文化的差异。中医将人身看作一个整体，部分中有整体，整体中含部分。足部是人体的部分，但中医认为足反映人身全部信息；耳部是人身的部分，但同样存有人之全体的信息，有足疗、耳针之说。西医明显是头疼医头，脚疼医脚，部分坏了想办法换掉。这说明，中华文化由整体出发去看待每一个部分，部分也是整体，重综合；西方文化由部分出发去看整体，整体亦部分，重分析。西方文化是原子思维，中华文化是元气思维。原子思维重个体，元气思维重有机、连续与统一。

中华文化贵和，西方文化贵争。和是中华文化的灵魂，"和为贵"是中国人处理人与自然、人与人、身与心、家与家、国与国之间关系的基本方式。先哲有言："和实生物，同则不继。"（《国语·郑语》）"礼之用，和为贵。"（《论语·学而》）中国古代先哲认为，和是万物生发的重要前提，也是处理一切问题的方式和方法，"和而不流""和而不同"是做人处事的基本原则。在中国古人看来，大自然的发育流行，千差万别的事物都有自己本质的规定性，让每一个事物保持自己的本性且得到充分成长，这就是"太和"。保持太和，对人类社会才最为有利。中国人所说的"中和""太和"，不仅仅停留在口头上或文字里，而是将其落实到生活中，处处强调和。中国人主张为人要谦和，在家庭中中国人主张"家和万事兴"，与人相处要和和气气，邻里之间应和睦相处，在生意场上中国人强调"和气生财"，遇见困难中国人主张和衷共济等等。中华文化重和、贵和，中国人主张谦让、礼让，要求互助共赢，而不倡导鱼死网破的"零和游戏"。

西方文化崇尚竞争。古希腊文明是西方文化的重要源头，奥林匹克精神是西方文化的典型体现。奥林匹克精神就是竞争、拼搏精神，不断挑战自我,"更快、更高、更强",努力是奥林匹克精神的精华。这种精神深入到西方文化的方方面面,成为西方文化的重要特征。古希腊有位哲学家名叫赫拉克利特,比孔子略晚,他崇尚斗争,认为世界为斗争所支配,甚至认为斗争是万物产生的根源。由此,他崇尚战争,战争是人类斗争最激烈的表现形式,他认为战争是万有之父与万有之王,没有对立与斗争,世界就会毁灭。基督教是西方文化的基础,基督教由于没有中华文化中"和而不同"的理念,所以中世纪时期,欧洲设有大量的宗教裁判所,对异教徒实行残酷的刑罚,直至肉体消灭。一方面崇尚斗争,另一方面又缺少对其他信仰的包容,在西方世界就发生了一场又一场的宗教战争,如十多次的以消灭异教徒为目的的十字军东征,给人类带来了无穷的灾难。在中华文化系统里,因信仰不同而发生战争是不可想象的。

中华文化的另一特征强调"变化日新""生生不息""与时偕行"。"苟日新,日日新,又日新"这句话出自《大学》,是《大学》对商代开国之君商汤沐浴之盘上文字的引用。如此说来,日新是中华文化的古老观念。"日新之谓盛德,生生之谓易"。(《易传·系辞》)先哲将"日新"理解为宇宙最大的德行,而这种德行体现在自然法则上就是"生生",生生就是新的事物不断产生、不断涌现,这种"生生"叫作"易","易"就是变易。中华文化崇尚的"和"是动态的和,不是静态、一成不变的和。此时此地和了,彼时彼地未必和;此时不和,彼时未必不和,世界是变化的、生生不息的,一切皆变,无物常住,因而此时和不能保证永远的和,只有与时偕行,因时制宜,因地制宜,"兵无常势,水无常形"(《孙子兵法·虚实篇》),才能真正实现和。先哲要求我们,既要有以不变应万变的定力,又要有以变应变的智慧,才能"致中和",各项事业才能兴旺发达。

诚然,中华文化的特征并不限于如上所列几点,我们还能找出若干。不过，通过以上特征分析，足以回答中华文化之所以悠久之道。中华文明之所以是世界四大古老文明唯一未中绝的文明，原因在于上述特征中。如果将这些特征概括起来，用现代的观念表达就是：开放、包容、创新。中华民族本身就是一个开放的系统，东、西、南、北不同区域，不同文化背景的族群都可以融入中华民族这个大家庭中。中华文化更是一个开放系统，春秋战国时代，诸子蜂起，百家并作，是中华文化的第一次自我开放、自我裂变与调整，至汉代，董仲舒以儒为主，包容百家，让中华文化走向统一。魏晋以来，佛学传入，中华文化走向了学习佛学、超越佛学，中华文化开始再造。宋明理学是以儒为主，融佛教、道教为一炉，实现儒学在宋明时代的新发展。近代以来，欧风美雨席卷中华，先进的中国人不惜千辛万苦，到西方去寻找救国救民之道，力图融合西学，兴我中华。由于中华文化是一开放的系统，不是一封闭的体系，所以中国人善于学习，取人之长，补己之短。中华文化是学习型文化，西方文化是一种教导性文化。中华文化重学习，所到之处建学堂；西方文化好自为师，所以西方人所到之处建教堂。中华文化随着历史的每一步延展就愈加丰富与完善，都是一次自我理论创新，也是一次升华。

唯其开放，才能包容；唯其包容，才有创新。中华文化从来不是排他性文化，而是贵和文化，"道并行而不相悖，万物并育而不相害"，是中华文化的重要法则。在这一法则的指导下，中华文化没有宗教的冲突与战争，相反，儒、释、道三教有不少相互的尊重与同情，长期以来保持"一团和气"。中华文化在开放、包容、创新的过程中，克服一切艰难险阻，一路走来，走到21世纪的今天，一定会继续走下去，而且越走越好。

二、中华文化,上下究竟多少年

"自从盘古开天地,三皇五帝到如今",中华文化有着悠久的历史传统,是根源性文化,是世界四大文明古国中唯一未断的文明形态,这一文明至今依然充满着生机与活力,而且有着无限延展的可能性。

然而,中华文化究竟多少年? 一般说,中华文化与中国文明上下五千年,也有的学者从商代算起,只有3700年。为什么会有千余年的差别呢? 我们从中华文化的起源说起。

1.盘古开天地传说

世界上生活着多种多样的民族,创造了多姿多彩的文化。自我们的先民开始思想,就会追问:人是从哪里来的? 世界是从哪里来的? 西方广为流行的是耶和华神创世说。耶和华神创造了天地,创造了光分开白天与黑夜,创造了大海与陆地,创造了一切植物与动物,这样世界就有了。然后耶和华神用地上的尘土照着自己的形象捏了个人,从这个泥人的鼻孔吹了口气,这个人就活了,这就是亚当。神又觉得亚当一个人孤单,趁亚当睡去,从他身上取下一条肋骨,做成了女人,这个女人就是夏娃。西方先民认为世界是耶和华神创造的,人也是耶和华神创造的。神要这个世界有就有,要这个世界无就无,要人类存在就存在,不想要人类存在人类就不存在了。神是至高无上的绝对存在,主宰世界的命运。

中国先民与西方不同,我们的先民认为,很久很久之前,整个宇宙是一团大混沌,天地日月山川河流没有分开,草木昆虫鸟兽还没有形成,过了许久许久,在天地混沌之中逐渐长出一个人形,这个人吸收天地精华与灵气,一直在沉睡中慢慢变大。沉睡了一万八千年之后,这个人终于睁开眼。它用手掌奋力劈去，宇宙开了。轻浮的东西向上飘，沉重的东西向下沉，上者为天，下者为地，这个巨人担心天地会重新合在一起，于是他奋力站了起来，用手托起天，用脚踏着地，天日升一丈，地日厚一丈。又过了一万八千年，天已极高，地已极厚，他想自己可以休息了，于是一头栽倒，再也没有醒来。他的头变成了高山，眼睛变成了太阳和月亮，头发变成了星星，皮肤与毛发变成了草木，血脉变成河流，呼吸变成了风，声音变成了雷霆……这个人就是盘古。这盘古创世说与西方耶和华神创世说同为神话，却反映了东西民族思考问题的不同方式。其一，西方耶和华神与宇宙是分离的，是高高在上的，而盘古与宇宙是融为一体的，盘古来自于宇宙，最终也化归于宇宙。西方人人神分离，中国人天人合一，可以说借助于创世说，中国先民表达了天人合一或者是天人不二的朦胧宇宙观。其二，中国先民"为而不有""有而不恃"，即盘古创造了宇宙并不是为了占有宇宙、统治宇宙，而是为了升华宇宙，成就宇宙。而耶和华神创造宇宙是为了统治、主宰宇宙。盘古创造了世界，不是像耶和华神那样要绝对地统治这个世界、支配这个世界，而是将自己融入这个世界，以自己的牺牲去升华这个世界。

2.三皇五帝

在神话传说中，劈开天地混沌的是盘古，盘古以身躯化为天地间的万物，而人是由女娲创造的。女娲是天上的神女，女娲造人不是一个个地创造的，而是批量生产的。她造的人有男有女，有健康的，也有残疾的。这些都反映了我们祖先造人说与西方创世记中耶和华神造人说的不同，反映了中华民族先人对人的现实存在的神话投射。

神话终归为神话，是人们对现实世界种种现象无法作出科学说明而借助超人间的力量给予的解释而已。中国哲学家认为,人源于自然,最终归于自然,人是天地的产物,最终回归于天地之中。中华民族又起源于哪里? 发生于何时呢?

现在学术界有一种说法认为,地球上的人都来自于一个共同的祖先,甚至称这个共同的祖先为"亚当染色体",这个人类的共同祖先来自东非高原,生物学家们力图通过基因测序的方法为这个说法寻找科学根据。当然,有的学者不认同这种说法,认为人类起源不可能是"一",而应当是"多",即持人类多地起源论。亚当染色体是"一",而多地起源说是"多",人类的祖先究竟是"一"还是"多"? 对这个问题的回答背后还蕴藏着原始神话的因素。西方神话认为耶和华神造人是先造了一个人,起源于"一",而中国的女娲造人则是批量生产,起源于"多"。

中华先人很早以前就生活在这块土地上。1985年考古工作者发现的重庆巫山人距今201—204万年, 1965年考古人员在云南元谋县发现的元谋人距今170万年, 1964年发现的陕西蓝田人距今70—115万年, 1929年在北京西南周口店发现的北京人距今20—70万年, 2015年湖南道县发现47颗古人类牙齿化石距今8—12万年, 1930年同样在北京周口店发现的山顶洞人距今18000年。中国考古工作者们正在努力探寻着中华民族先祖的演化谱序,相信随着考古的不断发现,中华民族的演化谱序一定会系统地建立起来。

我们的祖先自200万年前起就在这片土地上繁衍生息,并不断地积累经验,创造文化。《周易·序卦》指出:"有天地然后有万物,有万物然后有男女,有男女然后有夫妇,有夫妇然后有父子,有父子然后有君臣,有君臣然后有上下,有上下然后礼义有所错。"中国古代哲人认为,从天地自然到人类的出现,由人类的出现到家庭的出现,从家庭的出现到社会组织的形成,由社会组织的形成到精神文明的出现,这是一个不断展开、不断发展的过程。而"三皇五帝"在这一发展过程中发挥了重要的、不可替代的作用。

关于"三皇"有多种不同的说法,其中一种说法是天皇、地皇、人皇。相传从天皇到孔子"获麟绝笔",经历了200多万年。显然天皇、地皇、人皇不是指具体的三个人,而是指三个部族之间更替呈现出的历史发展。另一种流传较广的说法是,三皇指伏羲氏、燧人氏(或女娲氏)、神农氏。伏羲氏的贡献主要是仰观俯察,以画八卦,结绳为网,以佃以渔。这些记载表明在伏羲之时我们先民刚刚进入渔猎时代。哲学家牟宗三认为,伏羲画八卦,象征着中华民族的"灵光爆破",点燃了华夏氏族智慧的灯火。燧人氏发明了火,钻木取火技术由此而生。这项发明当然很了不起,其火焰照亮了人类文明的前程。但由于贡献单一,燧人氏在三皇中的地位并不稳定,有时被代之女娲氏。作为三皇之一的女娲氏与神话中的女娲不同,虽然二者都有母性的特征,都是母系社会的标志。作为三皇之一的女娲氏,面对四极坏,九州裂,天下洪水滔天的局面,断鳌足而立四极,积芦灰而止淫水,是位扭转乾坤战胜洪水的人物。神农氏兴起,发明农具,教会百姓种植耕作,又有说他尝百草而发明中草药。总之,三皇不是指具体的历史人物,而应该是指在历史上出现的三个乃至多个强盛而有杰出贡献的部落。

三皇结束了,代之而起的是五帝。五帝是哪五帝呢?说法不一。《大戴礼记》《史记·五帝本纪》等认为黄帝、颛顼、帝喾、尧、舜为五帝;《战国策》以庖牺、神农、黄帝、尧、舜为五帝;《吕氏春秋》以太昊、炎帝、黄帝、少昊、颛顼为五帝等等。我们认为《大戴礼记》《史记》的说法比较可靠。五帝之中以黄帝、尧、舜影响最大,流传最广,故事相对比较完整。《五帝本纪》中颛顼为黄帝之孙，帝喾是黄帝的曾孙、颛顼的侄子，尧是帝喾之子，舜为尧之女婿。

中华儿女号称炎黄子孙，炎是炎帝，黄是黄帝。五帝之中为什么没有炎帝？不少学者认为炎帝就是神农氏。炎帝是一大部族，黄帝是一大部族，炎帝这个部族又称神农氏，先于黄帝部族而兴。黄帝是在战胜炎帝之后才取得了华夏共主地位的。按照《周易·系辞下》的说法："神农氏没，黄帝、尧、舜氏作，通其变，使民不倦。神而化之，使民宜之。"黄帝代神农氏而起，炎帝是神农氏后裔，炎、黄两大氏族为争夺对其他部族的控制权而战于坂泉之野，经过多次战争，最终黄帝部族取得了对炎帝部族的控制权。接下来，黄帝部族与蚩尤氏进行了涿鹿之战而大获全胜。"天下有不顺者，黄帝从而征之"，通过对炎帝部族、蚩尤部族以及其他部族的战争，黄帝部族牢牢掌握了对各部族的控制权。

黄帝部族乘神农氏之衰微，起而征讨天下。黄帝对炎帝的战争，史书只说"三战，然后得其志"，对如何处置炎帝集团，并没有交待。黄帝部族之志，不过是代炎帝部族而起，并不是要灭亡炎帝部族，大概黄帝部族对炎帝部族是恩威并施。涿鹿之战，"遂禽杀蚩尤"。黄帝部族对炎帝部族的征讨只在于要求其承认自己天下共主的地位就可以了，而对蚩尤部族则实行了血腥镇压。在后来的历史进程中，炎黄两部族通过相互通婚而结为利益的共同体，进一步实现融合。这就是华夏儿女为什么又称为炎黄子孙，而炎在前黄在后的原因。

中华文化上下五千年，一般都从黄帝算起。所谓上下五千年，只是虚说，不是实指。根据有些学者的推算，黄帝距2017年是4714年。20世纪初期，就有学者主张以黄帝纪年，现在仍然有人作此主张。其实这种推算只是一家之言。据《春秋命历序》所载：炎帝传八世，合520岁；黄帝传十世，2520岁；少昊传八世，500岁；颛顼传二十世，350岁；帝喾传十世，400岁。从炎帝到尧就是4290年。

炎帝与黄帝都是中华民族的人文始祖。尧舜时代，中华民族始有国家政府、有了政权的和平转移之法，有了人伦规则，他们在文化上尤其是精神文化上对中华民族的贡献最大。《尚书》是儒家推崇的五经之一，《帝典》是《尚书》开篇，而《帝典》既不是黄帝之典，也不是炎帝之典，而是尧帝、舜帝之典。尧、舜在儒家人物的心目中是既圣且王，亦即圣王。

三皇五帝真的存在吗？传说有地下考古的根据吗？这关系到中华文明起源于何时、有没有中心点等问题。不过，至今学界对此仍然是众说纷纭。近代以来，由于中国长期的积弱积贫，任由西方列强宰割，中华文化也被殖民主义者曲意污说。有一种中国文化"西来说"，按这种说法，中国文化是外来的，是从西方传过来的，甚至还有人提出墨子是印度人之说。

至于中华文明历时多少年，至今学界同样没有统一的看法。传统的说法是，上下五千年，有人则说是3700年。由于依据的标准不同，中华文明的历时长短自然有异。依照西方的标准，城市、文字、青铜器、宗教祭坛是文明的四大标志。而考古所发现的中国青铜器多为商代的，文字最早见于殷商甲骨，故而西方学者大多认为，中国文明起源于商代，距今不过3700年。夏代被这些人一笔勾去了，更不用说三皇五帝的时代。

中国有一个成语，叫作"问鼎中原"。该成语出自《左传·宣公三年》，即公元前606年。楚庄王自恃有着强大的军队，不把周天子放在眼里，直接挑战周天子的权威，向周天子问周鼎的轻重、大小，意在觊觎周天子的权力。周天子派能言善辩的王孙满前去劳军，王孙满给楚庄王讲了鼎的历史。他说，夏禹有德，铸鼎象物，这个鼎是大禹时代铸造的，上面有百物的形貌，是天命和权力的象征，而周天子天命犹存。可见最起码大禹时代已经有青铜器——鼎了。中华文明探源工程对以二里头文化为代表的夏代文化进行了考古研究，以考古实物证明，此时铜器冶铸技术的发展水平已经能够制造鼎等青铜容器了，鼎在这一时期是王权的象征，这有力地证明了《左传》中王孙满所说的夏禹造鼎之说。早在大汶口文化（距今6500—4500年）、良渚文化（距今5300—4500年）时期，器物上都有刻符。这些符号有些已经被识别，有些至今无人识别，就依西方标准，中华文明至少在4000年以上。

东方文明与西方文明是两个不同的形态，西方文明更多地强调文明的物质属性，而东方文明则更多地重视其精神属性。北京大学严文明教授指出，不应以西方文明的界定标准来界定中国文明。他还主张将东方文明形成的标准调整为：国家政府（帝王）、文书记录（图文徽章）、礼仪规范（礼制玉器）、历法或法规。严先生认为，龙作为中华文明的徽章象征，追溯到新石器时代东北的红山文化，很可能是8000多年前最早的玉玦造型演变而来。红山文化牛河梁最大的陵墓，距今5300多年，墓主佩戴的玉器造艺精湛，极其精美。严先生认为，中国古史传说中的三皇五帝时代，或许都是真的。

伏羲氏时代，相当于考古学上的距今9000—7300年的后李文化时期，合乎伏羲氏"作结绳而为网罟，以佃以渔"（《周易·系辞下》），"伏羲氏之世，天下多兽，故教民以猎"（《尸子》）。伏羲氏教民结绳为网，获禽兽，捕鱼虾，后李文化渔猎业亦相当发达。神农氏时代相当于北辛文化时期，考古学家认定北辛文化距今7300—6100年，在该文化时期发现了碳化粟的颗粒以及大量的石制农业工具，原始农业已具雏形。黄帝时代相当于红山文化时期,红山文化时期经碳14测定约距今6000—5000年,主体为5500年前。考古学家发现,中国古文献记载的黄帝图腾如熊、龙、龟、云、鸟等在红山文化中都有玉器对应,而玉龙、玉凤则是红山文化时期最为尊崇的玉器。少昊氏大约对应大汶口时期,而龙山文化相当于尧、舜、禹时代。中国社会科学院考古研究所中华文明探源工程考古工作者在襄汾陶寺遗址发现了大型城址,在距今4300年左右建成。发掘者和天文学家还在这个遗址发现,先民通过观测太阳的位置来确定春分、秋分、夏至、冬至等重要节气的活动以及相关的观测天象和举行祭祀的场所,足以证明《尚书·尧典》中尧"观象授时"的真实性。陶寺城址规模巨大,城内功能分区明显,说明该地区已经具备了早期国家的雏形。

龙山文化时期,距今5000年前后,中华文明进入了一个石铜并用的时代。燕辽地区的红山文化、长江流域的良渚文化和石家河文化等走入低谷,而黄河流域的龙山文化和海岱地区的龙山文化获得突飞猛进的发展。对山西陶寺大型城邦遗址的考古说明,龙山文化到尧、舜、禹时已经进入初级文明,夏代文明是在此基础上的进一步发展,即国家机器进一步强化而已。我们认为,中华文明上下五千年是可信的。

我们认同这样一种观点,即中华文明的特点不仅在于其物质层面,而更在于其精神层面。我们认为,对人而言,人不仅是物质的存在,更是精神的存在,不仅要过文明的物质生活,更要过文明的精神生活。人会使用和制造工具进行农业生产,会建筑房屋,人掌握了冶铜技术,人会使用文字、语言符号,人有宗教生活等等,这些都是文明的标志。但对人而言,有一种比所有这些更关键、更本质、更内在的文明,那就是明人伦,在精神生活上彻底觉解人之所以为人的意义。孟子曰:

人之有道也，饱食、暖衣、逸居而无教，则近于禽兽。圣人有忧之，使契为司徒，教以人伦：父子有亲，君臣有义，夫妇有别，长幼有序，朋友有信。放勋曰：'劳之来之，匡之直之，辅之翼之，使自得之，又从而振德之。'圣人之忧民如此，而暇耕乎？（《孟子·滕文公上》）

契即商人的始祖，舜时为司徒，掌管文教。人只是吃饱了、穿暖了、居住的条件好了，一句话，只是在物质上文明了，没有精神文明，不明人伦，就与禽兽相去不远。舜最大的贡献，在使契为司徒，教以人伦，确立人间五种最基本的人际关系以及相处之道，即父子有亲，君臣有义，夫妇有别，长幼有序，朋友有信。尧舜时代是中华文明发煌的时代，孔子盛赞尧："大哉，尧之为君也！巍巍乎！唯天为大，唯尧则之。荡荡乎，民无能名焉。巍巍乎！其有成功也；焕乎，其有文章！"（《论语·泰伯》）"文章"就是典章制度。尧舜时代，华夏文明由物质文明建设进入到精神文明建设，建章立制，确立人际关系相处之道，这是其重要的时代特征。历史学家杨向奎先生曾呼吁，给有虞氏一个应有的历史地位。考古学家邹衡认为，夏礼可能是继承虞礼而来，而陈戍国先生的《中国礼制史》专辟《虞礼》一节，我们认为是有道理的。

文明在中国首先是人的文明，是人在人际关系中的自我定位与自我价值的觉醒，这就是明人伦。在这个意义上，从尧的"文章"到契为司徒，礼义中国由此确立，礼义文明之光已经亮了。从这个意义上说，中华文明上下五千年也不是虚言。

第二章　道统的萌生与孔子的六艺之教

一、中华文化的道统：文化的根脉与灵魂

1.什么是道统

中华文化的道统就是中华文化的道脉相承之统绪，是中华文化的根与魂，是中华民族世代相守的核心价值观。从人文创始的意义上说，中华文化的道统可以上溯到伏羲、燧人、神农等三皇；从核心价值观的意义上说，中华文化的道统可以追溯到尧、舜时代。

刘勰在《文心雕龙·原道》中指出："人文之元，肇自太极""庖牺画其始，仲尼翼其终""玄圣创典，素王述训"。刘勰在这里所说的"人文"指人道、人伦，"庖牺"就是伏羲。刘勰认为太极是人文的元初，伏羲画八卦是人文的开始，孔子作"十翼"是人文的完成。《汉书·艺文志》认为，易为大道之源，而易道经历了"人更三圣，世历三古"的历史演进过程，"三圣"即伏羲画八卦、文王重为六十四卦、孔子作"十翼"。"十翼"即《易传》十篇：《彖传》上下、《象传》上下、《系辞》上下、《文言》《说卦》《序卦》《杂卦》，古人认为这十篇解释《易经》的《易传》是孔子所作。"三古"则一般指伏羲时为上古、文王时为中古、孔子时为下古。刘勰认为，易道是中国人文的元始，伏羲创始，孔子终成，因而孔子是中华

文化道统之重要人物。

章学诚在《文史通义·原道》中继承了刘勰这一思想并作了进一步阐发。他重新诠释孔子集大成之意义,认为孔子是集伏羲、神农、黄帝、颛顼、尧、舜及夏商周三代之大成,而不是像孟子说的集伯夷、伊尹、柳下惠之大成。章学诚在刘勰的基础上,进一步厘清了孔子与上古、三代之关系,认为以孔子为代表的儒学是根源于中华文化的文教传统,它本身就是中华文化的根干,而不是枝蔓。

刘勰、章学诚的道统说影响很大,但比二人道统说影响更大的是韩愈的道统说。韩愈明确指出,他所说的道不是道家的道,也不是佛家的道,而是先王之道、仁义之道。这个道有一个相传的统绪,即尧传之舜,舜传之禹,禹传之汤,汤传之文王、武王和周公,文王、武王和周公又传之孔子,孔子传之孟子,孟子死后,这个道就不得其传了。韩愈的道统断自尧、舜,与刘勰、章学诚的追至伏羲显然不同,韩愈的说法则受启于《中庸》孟子的说法。韩愈以《中庸》中"仲尼祖述尧舜,宪章文武"的人文谱系为主,兼采孟子"五百年必有王者兴"的说法,形成了他的道统说。仁义是孔孟学说的核心价值,这一道统说的确立,理清了中国人精神信仰上内在的脉络。我们认为,韩愈的道统说与刘勰、章学诚的道统说并不矛盾,而是指向同一问题的不同层面,两说并存不悖,相互印证。

2.尧舜之道即中道

韩愈将"道"理解为仁义之道,仁义之道即人道,人道即人之所以为人之道,这是韩愈对中华道统的新发挥。从现有资料来看,尧舜之道其实是中道,即中正之道。

孔子对尧的称颂无以复加,孟子对舜的故事大书特书,尧、舜被标榜为圣王,舜还是大孝的典范,位列《二十四孝》之首,以德著称。尧、舜之所以如此备受尊崇,首先在于,自韩愈到宋明理学家,尧、舜被普遍认为是儒家道统的开端,而"允执厥中"四字则成为道统的传授心法。尧将其终生从事治理天下的经验传授给他的接班人舜,舜又将这一经验传授给他的接班人禹,归根到底不过是"允执厥中"四字而已。"允执厥中"就是牢牢地把握住中道、中正的原则,中国之所以为中国,从其立国之道来说,就是以中道、中正为原则,这是中国的本质特征。这一特征恰恰由尧、舜、禹三代圣王而确立。

尧舜之道是中道或者说是中正之道,那么又与仁义之道是什么关系呢?中道即仁义之道,仁义之道即中正之道,二者存在互为表里的关系。既然要讲中,何为"中"?换句话说,中的标准是什么?如何才能做到中?这么一问,仁义就出现了。仁义是中的标准,中与不中要看其合乎仁义与否,合乎仁义就是中,不合乎仁义就是不中。如何实现中呢?依于仁义,居仁由义,从仁义出发,以仁义为尺度去处理一切问题就是中,否则就是不中。故而中道即仁义之道,仁义之道也就是中道。

其次,尧、舜"天下为公"的胸怀,承载了儒家知识分子"大同"世界的千年梦想。尧舜之世,是"大道之行也,天下为公"的时代。尧有儿子,但他没有将天子之位传给自己的儿子,而是传给德行出众、治理天下有方的舜;舜有儿子,也没有将天子之位传给自己的儿子,而是传给治理洪水成效卓著、有功于天下的禹。这种传贤不传子的政权转移方式被称作"禅让"。禅让就是"公天下",与夏、商、周三代天子将天子之位传给自己儿子或弟弟的"家天下"区别开来。

世界上不少地方在其古老的历史传说与记载中都有大洪水的记忆,如希伯来文化中的《创世记》有写到,耶和华神鉴于人类恶贯满盈,以洪水灭之，历一百五十多天，只有诺亚一家得救。我们先民的洪水记忆甚至可以追溯到女娲氏时代。女娲氏时，四极坏，九州裂，洪水滔天，于是女娲氏乃断鳌足以立四极，积芦灰以止大水，率领先民第一次战胜大洪水。尧之时，洪水之大，"荡荡怀山襄陵，浩浩滔天"（《尚书·尧典》），治理洪水成为尧舜时代的当务之急。尧先是派鲧去治洪水，鲧根据女娲氏时的治水经验，用土掩即堵的方式治水，大败而归，后来被舜杀死于羽山。鲧的儿子禹接过其父治理洪水的事业，不过他改变了鲧的治水思路，不再使用堵的方法去治水，而是顺应水的特点去治水，疏通江河，让洪水流向大海。大禹治水，劳身焦思，在外十三年，三过其门而不入。他工作非常努力，生活又非常俭朴，舜将天子之位禅让给了他。

大禹老了，将天子之位禅让给一个叫益的人。不过，由于益辅佐禹的时间不长，政治根基不牢，又被禹的儿子启推翻了。自启之后，天下不传贤而传子，中华民族的发展进程为之一变，由"大道之行"的"公天下"转变为"大道既隐"的"家天下"，开启了新的历史进程。

3.夏商周与汤武革命

三皇五帝结束了，中国历史开始了夏、商、周三代。夏即夏朝，商即商朝，周即周朝。

夏，又称禹夏。夏朝的真正建立者是禹的儿子启，而不是禹。不过，如果没有禹的政治资本的积累，启不可能完成夏王朝的建立。夏王朝的建立是中国历史上的一次重大变革，即由"公天下"转变为"家天下"，天子之位由"选贤与能"转变为传给自己的儿子或兄弟。学术界一般认为，夏王朝建立于公元前21世纪，奠基于禹，始于启，中兴于太康，败亡于桀，前后传17位君王，凡历400余年，一说432年。

商，又称殷商。商是成汤建立商朝时所用的国号，盘庚迁都于殷，改国号为殷，有时又称殷商。商的始祖契，在舜的时代当过掌管文教的司徒之官，被封于商。由契到汤，八次迁都，历十四代。到成汤时，商的都城迁于亳。

商朝建立者为汤，又称成汤、商汤，又名天乙。有一个成语叫"网开一面"，与成汤有关。有一捕鸟人，将网四面张开，并且向天地神灵祷告：天上地下，四面八方的鸟都进入我的网中吧！成汤见了，觉得这样做未免过于残忍，如此捕鸟会对鸟赶尽杀绝。他撤去网的三面，只留一面，且向天地神灵祷告：左边的鸟跑掉，右边的鸟跑掉，不听我命令的，钻进去。天下诸侯知道了，都说汤是位有爱心的国君。他对鸟都如此怜悯，何况对人呢！汤以仁慈而享名于天下。

说到商汤，再没有比"汤武革命"更有名的了。商汤开中国历史上通过武装斗争夺取政权之先河。如果说夏启建立了第一个"家天下"的王朝而创造了历史的话，那么商汤是中国历史上第一个起而"造反"且取得成功的政治家而被载入史册。商汤的时代，夏朝的末代王桀残暴不仁，商汤起而革夏桀之命，经过十多年的东征西讨，终于实现了王朝更易，建立商朝。自成汤建立商朝，到商纣时商朝灭亡，凡历二十九王。一说商朝建立于公元前1766年，亡于前1111年，存续共655年；一说建立于公元前1675年，亡于前1046年，存续共629年。

周是活动于中原西部黄土高原的一个古老部落。相传周人的始祖是帝喾元妃姜嫄的儿子，但这个儿子是由于姜嫄踩了巨人脚印致孕而生的，本想抛弃，故名为弃。弃在舜时担任农师，号称后稷，教民耕稼有功，分封于邰。古公亶父时，率众迁到岐山南边的周原（今陕西宝鸡岐山县）定居下来，自称为周。

周王朝取代商王朝，成为中国历史上寿命最长的王朝，存续约800年。周朝分为东周与西周。周王朝大约于公元前1046年始建，到公元前771年周平王东迁被称为西周，东周从周平王东迁一直到公元前256年名义上的周王朝被秦国所灭。周王朝实际上由三人奠基：一是周文王，一是周武王，一是周公。周文王奠定周王朝的基业，周武王打天下，周公安天下。

周文王，姬姓，名昌，因继西伯侯之位，称西伯昌，周朝建立后被追封为王，又称周文王。周文王为西伯侯期间，能"明德慎罚"，勤于政事，礼贤下士，广罗人才，拜姜尚为军师，使得"天下三分，其二归周"，但仍服事殷商，做到以大事小，受到天下诸侯的拥戴，为周武王灭商打下坚实的基础。

周武王，周文王之次子，姬姓，名发。文王死后，武王继位，以姜尚为相国，以周公、召公为助手，积极从事兴兵伐纣的工作。商朝末年，纣王无道，残暴不仁，周武王大会诸侯于孟津，八百多诸侯参与会盟，进行最后攻商的演习。公元前1046年，周武王乘商纣王精锐之师东征未还之机，在牧野（今河南淇县南）与商王朝的军队展开决战，纣王军队临阵倒戈，最终商王朝灭亡，周王朝建立。

周公，姬姓，名旦。周文王第四子，武王之弟。武王伐纣之后，没过多久就去世了，其子周成王还年轻，周公不顾天下非议，毅然摄政，掌控中央大权，以稳定大局。摄政不久，管叔、蔡叔与纣王之子武庚发动叛乱，周公率军东征，一举而使天下太平。周公总结了夏、商两代灭亡的教训，深刻地认识到"天命靡常，惟德是辅"的道理，由此提出"敬德保民"的主张。周公还"制礼作乐"，完善了中国礼乐制度与教化机制，为周王朝的长治久安提供了坚实基础。

夏、商、周三代文化是礼乐文化。孔子说："殷因于夏礼，所损益，可知也;周因于殷礼,所损益,可知也;其或继周者,虽百世可知也。"(《论语·为政》)孔子这里所说的"礼"是文化的代称,夏礼是夏文化,殷礼是殷文化,周礼是周文化,夏、商、周三代在文化上先后继起,因革损益。夏、商、周三代文化各有其特点,《礼记·表记》说:"子曰:夏道尊命,事鬼敬神而远之,近人而忠焉。……殷人尊神,率民以事神,先鬼而后礼,先罚而后赏,尊而不亲。……周人尊礼尚施,事鬼敬神而远之,近人而忠焉。"夏、商、周三代文化之演进恰恰是一个正、反、正的过程。夏人"事鬼敬神而远之",殷人走向夏道的反面,强调鬼神的作用,甚至"率民以事神",而周人回归夏人"事鬼敬神而远之"。夏代的意义在于打破了"公天下"的传统,开创了中国政治"家天下"的格局。在"公天下"的时代里,所有权与管理权是分离的,天下是谁之天下? 尧舜时代只能说天下乃天下人之天下。天下人之天下,理论上讲应由天下人共管,事实上,远古时代不可能找到一种办法让天下人扛起天下之责。谁来扛起这个责? 当然是天子及其大臣,管理权决定所有权。"家天下"时代所有权与管理权是合一的,权责明确。从"公天下"到"家天下",诚然人们那种纯美的、无私的道德失落了,但历史却是进步了。

汤武革命的意义在于打破了"君权神授""天命不易"的魔咒,对统治者而言,必须好好经营天下,否则天命就会转移。周王朝是中国历史上最重要的王朝之一。第一,它用分封制确立中央政府与天下诸侯国之间的关系,建立起诸侯与天子之间的朝贡体制。第二,确立了嫡长子继承之法,一改殷人兄终弟及与父子相及并用的政权交接方式所产生的混乱局面。第三,周公制礼作乐,将中国礼乐文化推向一个新的高峰。

尧、舜、禹、汤、文、武、周公等无一不是政治领袖,同时他们又是道的承载者,可以说在他们那里政统与道统是合一的。自孔子开始,布衣而承道统,中国政统与道统开始分离,皇帝持政统,儒生握道统,道与势、德与位展开了角力。

二、孔子与六艺之教

柳诒徵先生在《中国文化史》中指出:"孔子者,中国文化之中心也。无孔子则无中国文化。自孔子以前数千年之文化,赖孔子而传;自孔子以后数千年之文化,赖孔子而开。"[①]从文化意识自觉的层面讲,柳先生之言,确有道理。

1.孔子:"丧家狗"还是"至圣先师"

孔子是中国历史上最富有争议的人,有人捧他,说他是至圣先师、万世师表;有人批他,说他是"丧家狗",没落奴隶主贵族的代言人。但自有孔子之后,便没有一个朝代、没有任何政治人物不理他,这正是孔子的伟大之处。诗人臧克家吟道:"有的人活着,他已经死了;有的人死了,他还活着。"孔子已经死了,但他还活着,而且他永远地活着,活在人们的记忆里,活在人们的讨论中,活在人们的生活里。从某种意义上说,孔子已经成为中国文化的象征、中国文化的符号。

孔子(前551—前479年),名丘,字仲尼,春秋末期鲁国人。孔子的诞生地在今曲阜东南方25公里的尼山。相传尼山脚下的"夫子洞"是孔子的出生地。孔子三岁时,父亲就去世了,母亲颜徵在带领着孔子离开陬邑,迁居到当时文化很发达的鲁国都城曲阜。孔子是在母亲的抚养、教育下成长的。

---

① 柳诒徵:《中国文化史》上册,北京:东方出版社,2008年,第226页。

孔子的妈妈颜徵在是一位伟大的女性。《史记·孔子世家》说："孔子为儿嬉戏,常陈俎豆,设礼容。"孔子的母亲从集市上买来各种礼器,常常摆列出来,让孔子练习各种行礼、习礼动作,这是孔子幼时的游戏,也是那个时代一切有教养的人必须掌握的礼仪规范。颜徵在教育孔子可谓用心良苦,将幼儿的嬉戏与礼仪教育有机结合起来,可以说是寓教于乐的典范。

孔子十六七岁时,母亲就去世了,孔子成了真正的孤儿。孔子曾说:"吾少也贱,故多能鄙事。"(《论语·子罕》)"鄙事"是什么?《孟子·万章下》说:"孔子尝为委吏矣,曰'会计当而已矣'。尝为乘田矣,曰'牛羊茁壮,长而已矣'。""乘田"是管理牛羊的小官,"委吏"是管理仓库的小官。孔子说:"我管理牛羊,就把牛羊管理得膘肥体壮。"又说:"我管仓库账目,就把仓库里的账目计算得清清楚楚。"长期以来,流行着孔子"四体不勤,五谷不分"的说法,甚至讲孔子轻视劳动,看不起劳动人民,这些说法都是不可信的。我们不能用隐者对孔子的讥讽当作是孔子的真实生活。孔子如果真的"四体不勤,五谷不分",一个自幼丧父、少年丧母的人,如何能够生存下来? 我们认为,孔子成年以后没有从事具体的生产劳动,不是因为他轻视生产劳动,也不是他看不起劳动人民,而是他认为对他及其弟子而言,有比生产劳动更重要的使命——实现仁道理想于天下。

孔子的一生是勤学好问的一生,"学不厌,诲不倦"是他一生真实的写照。他曾问官于郯子,学琴于师襄,问礼于老聃,甚至"入太庙,每事问",学无常师,以一切能者为师。好学伴随孔子的一生,注重学习成为儒家文化的重要特征。

孔子学成之后,面对上下失守的政治局面,他没有从政,而是退而修《诗》《书》《礼》《乐》，专力从事教育青年、培养人才的工作。《史记·孔子世家》载："孔子不仕，退而修《诗》《书》《礼》《乐》，弟子弥众，至自远方，莫不受业焉。"孔子之退不是退休之退，而是隐退之退、遁世无闷之退。不仕正可以全力以赴地投入到教育事业之中，并由此成就了孔子伟大老师的身份。

鲁定公八年（前502）阳货被逐，鲁国结束了"陪臣执国命"的局面，政局向着孔子所设想的方向发展，孔子于鲁定公九年（前501）出任中都宰（今山东省汶上县有中都镇）。司马迁在《史记·孔子世家》中说："孔子为中都宰，一年，四方皆则之。"孔子任中都宰一年，成为四方学习、效法的榜样。孔子的政绩得到鲁定公的高度肯定，随后被提拔为司空，不久又"由司空为大司寇"。"大司寇"这个职务相当于鲁国的公安司法部长。孔子仕鲁期间帮助鲁国实现"夹谷会盟"的外交胜利，迫使齐景公答应归还侵占鲁国的汶阳之田。夹谷之会的胜利，提高了孔子在鲁国朝野的地位。鲁定公十二年（前498），孔子受季桓子的委托"由大司寇行摄相事"和"与闻国政"，参与国家大政方针的讨论与制定。"孔子行乎季孙，三月不违"。（《公羊传·定公十年》）说明孔子和季氏之间有一个合作愉快的时期。

因"堕三都"事件，孔子与三家大夫的矛盾暴露出来。"三都"顾名思义即三个都城，这三个都城是指季孙氏的费邑、叔孙氏的郈邑和孟孙氏的郕邑。三家大夫都住在鲁国的都城曲阜，因而这三个都城实际为三家大夫的家臣所盘踞。家臣时又据此反叛三家大夫，甚至越过三家大夫而干预国政。孔子想利用三家大夫对"三都"实际控制者的不满而废除"三都"，达到弱化三家大夫而强公室的政治目的。不过，最终"堕三都"计划失败了，孔子只好离开鲁国的政治舞台，另辟实现自己政治理想的途径。

鲁定公十三年（前497）春，孔子带着多位学生正式踏上周游列国的征途。孔子周游列国，虽然属于无奈之举，却拉开了春秋战国时期"士"阶层"上说下教"的大幕，因而它对于春秋战国时代的士（主要指文士）阶层而言，无疑具有示范意义或象征意义。由孔子开始，士阶层可以游走不同国度，服务不同的政治利益集团，由一国之士而为天下之士，士阶层所关注的问题由一家、一国之兴衰转而为天下之兴亡。

孔子周游列国是为了寻求明君，以实现自己的政治理想和政治抱负。孔子的政治理想不在于强一国、兴一家，而在于"以道易天下"，实现自己的仁政理想。但要变易天下必须从变易一国开始，一国且不能变，何以易天下？因而寻找一位明君就成为孔子的首选目标。在14年中，孔子走访了大大小小的诸侯国，遇见各种各样的人物，不断向他们宣传自己的政治主张和社会理想，与他们讨论各种各样的问题，利用一切可能的机会向弟子宣道。以"知其不可而为之"的精神，为理想的实现进行着不懈地努力！

鲁哀公十一年（前484）季康子采纳了冉有的建议，以厚礼迎请孔子归国。孔子结束四处漂泊的生活，回到父母之邦鲁国。自离开鲁国，到再回到鲁国，已经历时14年，孔子已68岁了。

回到鲁国后，孔子以国老的身份顾问国家大政，不再参与具体的国家管理。他将自己的全部精力用于整理古代文献和教授学生。"吾自卫反鲁，然后乐正，《雅》《颂》各得其所"。"晚年喜易，韦编三绝"。删诗书，定礼乐，赞周易，著春秋。《诗》《书》《礼》《乐》《易》《春秋》号称六经或六艺。六经，经过孔子的整理并作为教授学生的教材才得以流传下来，传承下去。没有孔子的整理，六经极有可能像其他典籍一样埋没于历史的荒漠之中了。

鲁哀公十六年（前479），夏历二月十一日，孔子去世，享年73岁。

孔子死后，葬在曲阜城北的泗水河旁。对于孔子的去世，孔门弟子像对待父亲去世一样，为孔子服丧三年。三年丧礼毕，学生们相拥而泣，挥泪告别。子贡送别同学，又回到孔子墓旁，并在墓旁筑起简陋的茅舍，为孔子再守丧三年，才离开老师坟墓。孔子的学生和一些鲁国人为纪念孔子，把自己的家安到了孔子的墓旁，在这里渐渐形成了村落，名曰"孔里"。孔子去世了，但孔子的人格风范长存，孔子的精神犹在，孔子仍然活在弟子和再传弟子的心中，活在鲁国人的生活里。

孔子死后三百多年，太史公司马迁来到曲阜，为眼前的景象所震撼，写下这样一段话：

> 余读孔氏书，想见其为人。适鲁，观仲尼庙堂车服礼器，诸生以时习礼其家，余祇迴留之不能去云。天下君王至于贤人众矣，当时则荣，没则已焉。孔子布衣，传十余世，学者宗之。自天子王侯，中国言六艺者折中于夫子，可谓至圣矣！（《史记·孔子世家》）

司马迁是位伟大的史学家，他对孔子的评价具有典范性意义。司马迁在曲阜亲眼目睹了孔子庙堂、生前用过的车服礼器，亲眼看见了"诸生以时习礼其家"，眼前的这些情景让司马迁十分感动！三百多年的时间，经几许战火离乱，经多少天灾人祸，而鲁国的儒生们世代在这里坚守，究竟是什么精神支撑鲁国儒生具有如此"洪荒之力"？谁给予他们这种力量？当然是孔子。多少帝王将相、英雄豪杰、才智之士，"当时则荣，没则已焉"。"孔子布衣，传十余世，学者宗之"，这是孔子的伟大。"自天子王侯,中国言六艺者折中于夫子,可谓至圣矣!"上至天子王侯,下至平民百姓,言说六艺,都以孔子为标准,自然司马迁感叹"可谓至圣矣!""至圣"即至高无上的圣人。这是对孔子的最高评价,也是对孔子至上褒扬!是对孔子最好的历史定位。

孔子是"丧家狗",还是至圣先师?千百年来,争议不断。"丧家之狗"的称呼古已有之,不过古人称孔子"若丧家之狗",是歌颂孔子,今人将"若"字去掉,直接称"丧家狗",不仅是在讥讽、挪揄孔子,更是在诋毁、诬蔑孔子了。"孔子适郑,与弟子相失,孔子独立郭东门。郑人或谓子贡曰:'东门有人,其颡似尧,其项类皋陶,其肩类子产,然自腰以下不及禹三寸,累累若丧家之狗。'子贡以实告孔子。孔子欣然笑曰:'形状,末也。而谓似丧家之狗,然哉!然哉!'"(《史记·孔子世家》)当郑人形容孔子"若丧家之狗"时,孔子欣然接受。因为郑人首先将孔子形象视为集诸圣之大成,说孔子的额头长得像古代的圣王尧,脖子长得像舜时的贤臣皋陶,肩膀长得如同郑国的贤相子产,腰以下部位比禹短三寸,这些在孔子看来都是外在的,都是末节,而孔子四处奔波,寻找贤君,以实现自己的政治抱负,困顿、憔悴而"似丧家之狗"是实质。"累累若丧家之狗"与"孔子席不暇暖"类同,而在现代人的演绎下,将"若"去掉,直接呼孔子"丧家狗",则完全是别有用心了。

孔子是不是圣人,不完全由当代人说了算,古人尤其是与孔子相去不远的人比现代人更有发言权。孔子在世时,有人称许他为圣人与仁人,孔子谦言"岂敢"(《论语·述而》);有人向子贡询问"夫子圣者与",子贡言孔子为"固天纵之将圣",评价老师"犹天之不可阶而升也"。(《论语·子张》)有若甚至发出"生民未有"之感叹!法家人物韩非亦称:"仲尼,天下圣人也。"(《韩非子·五蠹》)至司马迁有"至圣"之称,可谓至高矣。然而，近代以来尤其是"五四"以后，始而拉孔子与诸子并齐，进而抬诸子以压孔子，最后全民性批判、讨伐孔子。降至今日，"去圣化"一时成为时尚，而"去圣乃得真孔子"之论亦鼓噪而出。事实上，孔子是以其全部的生命实践，在中国文化史上壁立千仞地树立起"人伦之至"（圣人）的典范。当然这并不是说孔子生来就是圣人，而是说他以自己的人生实践成就了"圣人"。一百年前许之衡曾发问："孔子之为中国教，几于亘二千年，支配四百兆之人心久矣。而忽然夺其席，与老墨等视。夫老墨诚圣人，然能支配四百兆之人心否耶？"①许之衡百年之问，至今无人作答。事实说明，"去圣没有真孔子"。"孔子之地位之形成，乃由孔子自己之伟大，与后世之一切崇敬孔子之历史人物之伟大之合力而形成。"②孔子之为圣人，乃由其生命本身所呈现之圣人气象以及后世尊崇孔子、认可其为圣人的历史而成，因其为圣人，儒教才能为圣教，长期占居中国社会的主体地位并影响了中国两千多年，至今这种影响依然存在。在可以预见的未来，孔子依然是人们争议、讨论的对象，依然影响、支配着我们的价值标准、是非观念、善恶判断。随着现代化进程的加快，中国在世界上的崛起，孔子学院在世界各地的设立，孔子在中国、在世界的影响不是在减弱，而是在增强。承认孔子是圣人，不过是承认两千多年来的历史事实而已，承认儒学在中国历史文化中的主体地位罢了。去圣之后，孔子乃凡人而已，孔子的独特精神价值与生命境界就不存在，孔子就不成其为孔子，真可谓"去圣没有真孔子"。

---

① 许之衡：《读"国粹学报"感言》，《国粹学报》1905年第一卷第6期，第1页。
② 唐君毅：《孔子在中国历史文化的地位之形成》，《唐君毅全集》第二十七卷《中国古代哲学精神》，北京：九州出版社，2016年，第165页。

2.孔子与六艺之教

孔子自称"述而不作",那么什么是孔子所"述"呢?朱熹认为"孔子删《诗》《书》,定《礼》《乐》,赞《周易》,修《春秋》,皆传先王之旧,而未尝有所作也,故其自言如此。……夫子盖集群圣之大成而折中之。其事虽述,而功则倍于作矣,此又不可不知也"。(《论语集注·卷四》)孔子所述在"六经",六经就是六艺。

对"六经"(《乐经》亡佚,实为五经),孔子是"述而不作"。据《论语》记载,孔子晚年从事过正《乐》和整理《诗》的工作。司马迁说:"孔子以诗书礼乐教,弟子盖三千焉,身通六艺者七十有二人。"(《史记·孔子世家》)《诗》《书》《礼》《乐》这些文献自西周以来,就是贵族子弟的基本教养,是那个时代的"经典"。只有具备了这种经典的教养,才具备与贵族阶层人士交流与对话的资格并进而晋身贵族阶层。"子以四教:文,行,忠,信。"(《论语·述而》)"四教"之"文"主要是指《诗》《书》《礼》《乐》《易》《春秋》,"此五经者,殆莫不与孔子有关"①,此可断矣。今人董治安先生指出:"春秋以前,所谓'易''书''诗''礼''乐''春秋',大体都是某类文献的通称;每类文献,或有性质相类的典籍,或有不同的传本。而事实上正是由于孔子的整理、编订、传授,才推动了战国儒家对于'六经'的研习和重视,并最终导致了《易》《书》《诗》《礼》《春秋》至西汉开始被普遍尊崇的特殊地位。"②蒋伯潜先生指出:"五经之材料虽古已有之,而经孔子加一番赞修笔削理董之手续后,殆莫不各赋以新含义与新生命,则与其谓为'述',无宁谓为'作'矣。……故孔子者,经学之开祖也。"③没有孔子的

---

① 蒋伯潜:《十三经概论》,上海:上海古籍出版社,1983年,第5页。
② 董治安:《先秦文献与先秦文学》,济南:齐鲁书社,1994年,第225页。
③ 蒋伯潜:《十三经概论》,上海:上海古籍出版社,1983年,第6页。

"述"，这些凝结着华夏民族数千年心血与智慧的文献史料，可能会亡于历史长河而后人无从知晓了。

《诗》《书》《礼》《乐》《易》《春秋》，古已有之，然而经过孔子的"删""纂""修""正""赞""作"等工夫，六经发生本质上的转化。孔子在中国文化上的意义，不仅仅在于他是古文献的整理者、传授者，还在于他是中国经学文化的真正奠基者、文化典范的创造者。由他开始，《诗》而为《诗经》，由《诗经》而为诗教；《书》而为《书经》，由《书经》而为书教；《礼》而为《礼经》，《礼经》而为礼教；《乐》《易》《春秋》皆可以此类推，无一不可。六经或六教是一完整的文化系统，它们既相互独立、又相互联系，共同发用，共同形塑了中国人的性格与品格。"其为人也温柔敦厚而不愚，则深于《诗》者也。疏通知远而不诬，则深于《书》者也。广博易良而不奢，则深于《乐》者也。絜静精微而不贼，则深于《易》者也。恭俭庄敬而不烦，则深于《礼》者也。属辞比事而不乱，则深于《春秋》者也"。(《礼记·经解》)在《庄子·天下》篇看来，《诗》《书》《礼》《乐》代表了中国古代"内圣外王之道"的"道术"，此道术"邹鲁之士，缙绅先生，多能明之"。《诗》以道志，《书》以道事，《礼》以道行，《乐》以道和，《易》以道阴阳，《春秋》以道名分"。在荀子看来，六经包罗万象，囊括天地，"故《书》者，政事之纪也；《诗》者，中声之所止也；《礼》者，法之大分，类之纲纪也，……《礼》之敬文也，《乐》之中和也，《诗》《书》之博也，《春秋》之微也，在天地之间者毕矣"。(《荀子·劝学》)《汉书·艺文志》亦言："六艺之文：《乐》以和神，仁之表也；《诗》以正言，义之用也；《礼》以明体，明者著见，故无训也；《书》以广德，知之术也；《春秋》以断事，信之符也。五者，盖五常之道，相须而备。"从先秦到两汉，学者大都视五经为一个整体，代表或体现中国文化的基本构造。直到20世纪，马一浮先生仍然认为，六艺，是孔子之教，"吾国二千余年来普遍承认一切学术之源皆出于此，其余都是六艺之支流"。"今楷定国学者，即是六艺之学，用此代表一切固有学术，广大精微，无所不备"。① 由马一浮先生之思想，完全可以推出孔子乃国学真正的奠基者。

随着孔子地位在中国历史上的抬升，《诗》《书》《礼》《乐》《易》《春秋》这六艺或曰六教，早已冲破文辞文本的限制，在中国文化、学术、思想史中取得了至上性、神圣性地位，形成了源远流长的经学传统，长期扮演着官方意识形态的角色，由此对中国政治、经济、文化、风俗习惯、民族性格、思想方式等都发生了重大影响，而且这种影响至今依然可见。

《汉书·艺文志》明确指出：儒、墨、道、法、名、阴阳、纵横、杂、农、小说等诸子百家皆六经之支与流裔，六经可谓先秦一切诸子的总源头。这里的"六经"当然是指经孔子删述的六经，因而可以说，孔子是诸子之总源头。《汉书·艺文志》指出："诸子十家，其可观者九家而已。皆起于王道既微，诸侯力政，时君世主，好恶殊方，是以九家之说蜂出并作，各引一端，崇其所善，以此驰说，取合诸侯。其言虽殊，辟犹水火，相灭亦相生也。仁之与义，敬之与和，相反而皆相成也。……今异家者各推所长，究知究虑，以明其指，虽有蔽短，合其要归，亦六经之支与流裔。"《汉书·艺文志》的"诸子出于王官"说，章太炎确信无疑，而胡适则力驳其非，认为诸子皆报救世之热忱，应时而起。"诸子出于王官"说与其说是诸子出现之"因"，不如说是"果"，即诸子学说出现之后，班固因以诸子的学术倾向而类比于周代的王官职能，而不是说周代某种王官失守而降

---

① 吴光主编：《泰和宜山会语》，《马一浮全集》，杭州：浙江古籍出版社，2013年，第8—9页。

为某子及创立某家学说。六经或六艺乃孔子以前中国文化总汇,即古之道术,为中国思想文化的总源头,从这个意义上说,诸子为六经之支与流裔。诚然,六经之总汇在孔子,从这个意义说,诸子为孔子之支与流裔。

3.道统与政统

以文自任,自觉地担当起华夏文化传承的历史责任,孔子是中国历史上旷古之第一人。在生命危急关头,他说:"文王既没,文不在兹乎?天之将丧斯文也,后死者不得与于斯文也;天之未丧斯文也,匡人其如予何?"(《论语·子罕》)这是说:周文王死了,华夏的礼乐文明不就在我这里了吗?这里的"文"就是夏、商、周三代礼乐因革损益之文,也是中国文化传承的道统所在。

孔子以前的中国文化就是礼乐文化,礼乐之统也就是道统。在孔子以前,礼是天之经、地之义、物之则、民之行,也就是说礼是一个绝对的、无所不包的范畴。春秋之际,面对礼坏乐崩的局面,孔子自觉承担起挽救礼乐文化的大任,礼乐文化也实现了创造性转化和创新性发展。

孔子赋予礼乐文化新的精神支撑——仁,为礼乐文化的因时转化开出新路。仁是孔子思想的核心,也是孔子对中国文化的最大贡献。"人而不仁,如礼何?人而不仁,如乐何?"(《论语·八佾》)仁是礼、乐的内在精神支撑,一个人没有仁的精神,礼乐对于他就是一个外在的、没有意义的东西。仁是什么?孔子最基本的回答就是"爱人",爱人就是关爱他人、同情他人、爱护他人。进一步说,仁就是"己欲立而立人,己欲达而达人","己所不欲,勿施于人",用现代的话说,就是将心比心,推己及人。仁是礼的内在精神,礼是仁的具体呈现方式。孔子又说"克己复礼为仁",克制自己,使自己的视、听、言、动都合乎礼义规范就是仁人。仁,这一观念经孔子的点化后,其意义怎么评价都不过分。因为仁的出现开辟了儒学发展的无限可能性,确立了中国人最基本的价值标准。在韩愈的眼里,道统之道就是仁义之道。

孔子认为,他与文王、武王、周公等历史上的圣王一样,负有天之所赋的历史使命。不过,古圣王的历史使命的政治意义大于文化意义,而孔子的历史使命与之相反,是文化意义大于政治意义。孔子是中国历史上文化自觉之第一人。尧、舜、禹、汤、文、武、周公都是政治人物,他们的思考重心在于政权如何才能长久、天下国家如何才能安定的政治问题。周公制礼作乐固然具有文化意义,但并没有清醒的文化自觉,周王朝的王权长存才是他思考的重心。由孔子开始,以"志于道"为使命,以传播知识为谋生手段的士(文士)阶层开始走上历史舞台,由此开辟了中国学术文化独立传承与发展的统绪,这一统绪被后世学者称之为"学统",而支撑学统、政统的价值之源在于仁义之道的道统。

政与道的关系上,孔子主张"以道事君,不可则止",要求政从属于道,而不是道屈从于政。而孟子也明确主张"格君心之非",荀子认为"从道不从君",以道化政,是良政;道屈而政尊是恶政,故而儒家认为对无道暴君起而推翻之,是"从道""事天"的内在要求。在中国传统社会中,孔子代表"道统",皇权代表"政统",一般说来,皇权不敢明目张胆地否定道统,反而要打出尊崇道统的旗号,以取信于天下。道成为统治集团与被统治集团共同认可的价值标准。

第三章　诸子并作，百家争鸣

孔子一生从事教育事业，相传他的学生有三千之众，身通六艺者七十余人。这些学生在孔子生前就已经开始独立地开展讲学了。孔子去世之后，孔门弟子散游四方，或讲学，或从政，或经商，或隐而不见，孔子学说如水银泻地，四散开来，为战国时代诸子并作、百家争鸣的文化局面的到来，奠定了坚实的文化基础。

一、儒家：仁者爱人，推己及人

孔子只是以中国文化的传承者自任，并没有要创立一学派。降至战国，孔子所传承的六艺之教不断受到质疑与挑战，孔门后学不得不挺身而出，捍卫这个文化传统。人们就将坚守与捍卫孔子学说，守护中国文化本根与主流价值的学者称为儒家。儒家是顺着中国文化的大源、主流发展而来的文化形态，是中华文化道统的传承者。

1.儒分为八

孔子还活着的时候，孔门弟子就显露出朝向不同方向发展的端倪，孔子的德行、言语、政事、文学之分科教育为学生向不同方面发展提供了知识性保障。孔子生前曾精心培养过道之传人，这个人就是他最心爱的学生颜回，可惜在他七十一岁时，颜回去世了，其他弟子在孔子后学中的声望又无法与颜回相提并论，因而孔子死后，儒门迅速分化。

《韩非子·显学》明确提出了孔子死后，儒分为八之说。韩非说："自孔子之死也，有子张之儒，有子思之儒，有颜氏之儒，有孟氏之儒，有漆雕氏之儒，有仲良氏之儒，有孙氏之儒，有乐正氏之儒。……故孔、墨之后，儒分为八，墨离为三，取舍相反不同，而皆自谓真孔、墨；孔、墨不可复生，将谁使定后世之学乎？"儒分为八成为后世描述儒家分化的重要证据。

子张氏之儒

子张，复姓颛孙，名师，子张是他的字，比孔子小四十八岁。孔子去世时，他只有二十五岁。大家知道孔子有"过犹不及"一语，"过"原本就是指子张，"不及"指的是子夏。孔子对他评价除"过"之外，还用一个字即"辟"，这两个字精准概括了子张这个人的性格特点：个性张扬，为人狂放，不守陈规，勇于开拓进取，是位狂者型儒家人物。孔子死时，子张的思想还没有完全定形，因而他没有思想包袱，在孔子去世后不久，很快形成了自己的学派——子张氏之儒。

颜氏之儒

颜氏之儒指孔子最欣赏的弟子颜回开出的儒家学派。颜回，姓颜，名回，字渊，又称颜渊，少孔子三十岁。他是孔子最欣赏、最得意的学生，也是孔子精心培养的道之传人。孔子七十一岁时，颜回去世，孔子有"天丧予"之痛。

　　鲁南地区流传着颜回这样一个故事:孔子办了个学堂,穷人与富人的孩子都来上学,然而学堂里经常丢失东西。由于颜回家里很穷,大家都怀疑是他偷的。孔子不相信,但为了考验一下颜回,就在颜回放学回家的路上,故意丢了一锭金子。颜回放学回家,捡到那锭金子,上书有"天赐"二字,便在天赐金子上写道:"天赐颜回一锭金,外财不发命穷人",将金子放回原处,背起书箱,头也不回,向家的方向走去。孔子及其学生见此情景,大为感动,从此学堂里再丢东西,再也没有人怀疑颜回了。

　　这故事的真实性当然令人怀疑,也可以说是出于民间好意的杜撰。这里所说的杜撰不等于凭空捏造,而是有历史的影子。颜回家里很穷是事实,孔子称赞他一箪食,一瓢饮,在陋巷,人不堪其忧,他却能不改其好学乐道,还多次赞美其贤能。颜子是最懂孔子心意的人,在周游列国的过程中,孔子甚至称赞颜回说,如果你家财富多的话,我去给你当管家!他是孔子学生中,品行最为高尚,才华最为出众,境界最高的学生。孔门有四科,即德行、言语、政事、文学,颜回位居德行科之首,深契孔子之道,甚得圣心。加之他"不迁怒,不贰过""无伐善,无施劳"的修养和"三月不违仁""择乎中庸,拳拳服膺"的功夫,作为传道之儒与孔门的正宗传人是十分自然的。

　　颜回这个人不简单,他可以由人的哭声判断人的哭因。《孔子家语·颜回》记载:孔子在卫国,天尚未亮,远处传来非常悲哀的哭声。孔子问:"颜回,你知道他们在哭什么吗?"颜回回答说:"他们不仅为死者哭,又将有生离别。"孔子派人去问哭者,果然是那家人的父亲死了,家里太穷,卖儿子以葬送父亲,儿子要离开这个家,家人与儿子骨肉自此长期分别。由哭声的悲痛状态去推测、判断事物的因由,颜子可谓知微。

颜回很有哲学头脑,他认为一切事情的发生都有一个"度",过了这个度就会走向反面。《荀子·哀公》记载:鲁定公与颜回一起观看鲁国驾车高手东野毕驾车,鲁定公问颜回:"东野毕驾车技术如何?"颜回回答:"他驾车技术确实不错,但他使用的马匹将会逃走。"鲁定公很不高兴。三天后,东野毕使用的马果然逃跑了。鲁定公大惊,问颜回,何以知之?颜回回答说:"昔舜巧于使民而造父巧于使马。舜不穷其民,造父不穷其马,是舜无失民,造父无失马也。"而东野毕使马,"历险致远,马力尽矣。然犹求马不已,是以知之也。"因为由鸟穷则啄,兽穷则攫,人穷则诈,推知物极必反,这就告诫统治者凡事要留有余地,对百姓不能刻薄太甚,否则自古及今,未有穷其下民而能自身不危殆的。孔子也曾盛赞颜回"知微知彰"。

乐正氏之儒

乐正氏指的是曾参的学生乐正子春,这一派以孝行闻名。问题是为什么这一派没有称曾氏之儒,而称乐正氏之儒呢?我们猜测,这是由于在曾参活着的时候这一派的特点还不鲜明,到乐正子春时其学派特点才得以明确的缘故。曾参,比孔子小四十六岁,以孝闻名,他是孔子最忠实的学生之一,也是儒家孝行派的开创者。孔子去世后,曾参"继续'修道鲁、卫之间,教化洙泗之上',以著书立说和聚徒讲学的方式维持儒学于不坠"[①]。其最大的理论贡献就是全面继承和发挥了孔子的孝道思想,将

---

① 姜林祥主编,王钧林著:《中国儒学史·先秦卷》,广州:广东教育出版社,1998年,第169页。

孔子的仁本论转换为孝本论。

乐正子春是曾参的学生，《礼记》中的《曾子问》，《大戴礼记》中的《曾子立事》《曾子本孝》《曾子立孝》《曾子大孝》《曾子疾病》《曾子制言》等，都可能出自他之手。他充分发挥了曾子的孝道思想，提升了孝行派的社会影响力。相传乐正子春下堂而伤其足，连续好几个月没有走出门户，犹有忧色。他的学生问他："老师您的脚已经好了，数月不出，犹有忧色，为什么呢？"乐正子春说："问得好啊！我听老师曾子说，曾子听孔子说，"天之所生，地之所养，无人为大。父母全而生之，子全而归之，可谓孝矣。不亏其体，不辱其身，可谓全矣。"乐正子春说，人是天地间最尊贵的生灵，父母给予我们一个完整的身体，子女应当完整地保存这个整体，不使自己的身体有残缺，不使自己的行为有污点，这是全而归之。所以说君子半步也不敢忘孝道。我竟然忘记了孝道，伤了自己的脚，脚伤虽然好了，但仍然为自己的行为过失而感到忧戚。（参见《礼记·祭义》）由孔子到曾子，由曾子到乐正子春，再由乐正子春到乐正子春的学生，构成了儒家孝行派的传法系统。相传《孝经》为曾子所作，说明他们在孝道理论方面颇有建树。

子夏氏之儒

子夏，姓卜，名商，字子夏，卫国人，比孔子小四十四岁。孔子去世后，他离开鲁国，前往魏国讲学，传播、光大了孔子思想，晚年又回到了鲁国。由于晚年丧子，他十分悲伤，以至哭瞎了双眼。曾参听说他双目失明，前来慰问。曾参见此，伤心地哭了，子夏也哭，且边哭边诉：天啊！我没有什么罪，为什么要这样惩罚我呀！曾参听到后高声指斥：你怎么没罪？我们当初一起在洙泗之间向孔子问学，你学成之后到西河讲学，当地人将你比拟于老师孔子，这是你的罪。父母去世，人们没有听到什么消息，儿子死了，竟然哭瞎双眼，这是你的罪。子夏听了，丢掉拐杖，再三向曾参叩拜，连声说：我错了，我错了，我离群索居的时间太长了！

这个故事告诉我们：孔子去世后，子夏前往魏国，设帐授徒，弟子众多，魏文侯、田子方、段干木、李悝、吴起、公羊高、穀梁赤等等，会聚门下，一时称盛，取得了极大的成功，以至西河之民将子夏比为孔子。他长期讲学于西河，开出了西河学派，使之成为法家的先驱。

子夏重学，是孔门传经之儒之第一人。《后汉书·邓张徐张胡列传》引徐防的话说："臣闻《诗》《书》《礼》《乐》，定自孔子；发明章句，始于子夏。"子夏直承孔子学的传统，发明孔子的《诗》《书》《礼》《乐》章句之学。子夏之儒对《春秋》学的形成和发展也作出了巨大的贡献，相传孔子传授《春秋》于子夏。子夏之儒对《易》也有独到的理解，《子夏易传》是否为子夏所作在学术界仍存有争议，但孔子与子夏讨论易学的损益之道则是事实。总之，子夏之儒开出了孔门学之传统，是传经之儒。

子游氏之儒

子游，姓言，名偃，字子游，少孔子四十五岁，吴国人。子游与子夏、曾参、子张都是孔子晚年的学生。子游之儒有两个特点：一是重礼乐，一是倡大同理想。

子之武城，闻弦歌之声。夫子莞尔而笑，曰："割鸡焉用牛刀？"子游对曰："昔者偃也闻诸夫子曰：'君子学道则爱人，小人学道则易使也。'"子曰："二三子，偃之言是也。前言戏之耳。"(《论语·阳货》)

子游做了武城这个地方的行政长官，大力推行礼乐教化，弦歌满城。孔子率学生前往考察，见到后十分兴奋，"割鸡焉用牛刀"之戏言脱口而出。子游连忙说：老师，您过去教导我们说，君子学习礼乐文化就会爱护百姓，百姓学习礼乐文化就会易于指使。孔子马上说：学生们，子游的话是对的，"割鸡焉用牛刀"是跟子游开个玩笑罢了。

子游之儒向往大同。大同与小康是孔子借助对历史的追忆表达对理想社会的期盼，对这一社会的完整表述出自《礼记·礼运》。孔子向子游讲大同与小康的区别，所谓大同社会就是大道流行、天下为公的社会。

> 大道之行也，天下为公，选贤与能，讲信修睦。故人不独亲其亲，不独子其子。使老有所终，壮有所用，幼有所长，矜寡孤独废疾者，皆有所养。男有分，女有归，货恶其弃于地也，不必藏于己，力恶其不出于身也，不必为己。是故谋闭而不兴，盗窃乱贼而不作，故外户而不闭，是谓大同。

大意是说，尧、舜时代，大道流行，天下为公。"天下为公"就是视天下为天下人之天下，而不是一己一家之天下。尧、舜没有将天子之位传给自己的儿子，而是传给德行高尚、治理天下有方的舜、禹，这种做法叫作"选贤与能，讲信修睦"。在大同社会里，人们不只是孝敬自己的父母，慈爱自己的孩子，同样也关爱他人的父母与孩子。一切老人都能得到抚养，一切成年人的才能都能得到施展，一切孩子都能得到长养。男人都有自己的职守，女人都有自己的归宿。人们看到货物掉在地上而感到惋惜，捡起来但并不是要自己私藏起来。力气唯恐不从自己身上施展出来，但不必为了自己。各种各样的阴谋从来不会发生，偷盗、抢劫、作乱等各种害人事情从来不会发生，家家户户的大门不必关闭。这就是大同社会。

大同社会寄托着孔子的千年梦想，然而孔子的这一理想是讲给子游的，而不是讲给其他学生的，因而有的学者说《礼运》篇成为子游氏之儒的经典，这个说法是有道理的。

孔子去世后，孔门弟子如水银泻地，四散开来，儒分为八只是笼统的说法，事实上，孔门后学远比儒分为八复杂得多。从孔子到孟子近二百年历史行程中，儒家可以说是人才辈出，新论迭现，或者说是学派林立。《礼记》诸多没有署名的作品都出自于孔门后学，上世纪出土的《郭店楚简》进一步说明了孔子去世以后孔门后学学派的多样性。

2.孟子:道性善，言仁政

孟子，名轲，邹国（今山东邹城）人，生卒年月已不可详考。比较流行的说法有两种：一说他生于公元前372年，卒于前289年；一说他生于公元前385年，卒于前304年。他是战国中期儒家学派的代表人物，为捍卫孔子学说的主流地位，为儒学的发展做出了杰出的贡献。

孟子的贡献主要体现在两个方面：一是他提出了性善说，奠定了中国人性说的主调；一是他发展了孔子仁学，提出了仁政说。

性善说

"人之初,性本善。性相近,习相远。苟不教,性乃迁",这是《三字经》开头的几句话,对于这几句话稍有点国学常识的都会背诵,但许多人可能并不知道这几句话背后的深意及其出处。"性相近,习相远"是对孔子"性相近也,习相远也"说法的简化,而"人之初,性本善"是对孟子人性本善的概括。人性是什么?孔子说是"性相近",没有指明相近之性是什么。到了孟子时代,人性问题一时成为思想界的热点问题,有人主张人性无善无不善;有人主张有人性善,有人性不善;有人主张性可以为善,可以为不善等等,孟子独标新意,提出人性本善。

人性为什么是善的呢?孟子举了例子。他说,一个人看见一个不懂事的小孩行将爬入井中,会产生怵惕恻隐之心,立即将其从危险中救回来。这样做,不是为了结交这个孩子的父母,也不是要在乡党朋友之中博取好的名声,更不是因为厌恶孩子的哭声,而完全是本性的显现,即性善的呈现。

性善表现在四个方面,即恻隐之心、羞恶之心、辞让之心、是非之心,分别对应仁、义、礼、智。孟子将仁义礼智称为"四端",四端是人性本善的具体表现。这四端就像人生来就有四肢一样是与生俱来的,不是后天获取的。四端就是人之所以为人的本质所在,没有这四端,人与禽兽就没有区别了。

既然人性本善,为什么社会上存在那么多恶人呢?人的恶是从哪里来的呢?孟子回答,恶是人不去长养和扩充善的本性,而让人的善性丧失的结果。孟子举例说,齐国都城临淄旁有座名为牛山的山,当初山上草木丰茂,植被繁盛。可是人们不断地对其植被进行砍伐,牛山还能为美吗？入夜，人们不再上山砍伐，草木又得到雨露的滋养，并非没有新嫩芽生长出来，可是放牧的牛羊又被人赶上山了，这些嫩芽又被牛羊又吃掉了。长此以往，牛山变得光秃秃的，人们还以为牛山从来不长草呢，这是山的本性吗？当然不是，是山的本性丢失所产生的结果。对人而言，同样如此，人的本性是善良的，但人的善性的丢失也像斧头之于植被。什么是砍伐人性善良的斧头呢？孟子认为，这就是人的感官欲望对外在物欲的追逐，最终会导致人性的迷失。一个恶人并不是本来就恶的，更不是他本性恶，他之所以恶是因为他在外在环境的影响下，在物欲引诱下丧失本性的结果。

性善说是孟子全部思想的哲学支撑，也是他的理论基础。在这理论的支撑下，孟子提出"人人有贵于己者""人皆可以为尧舜"等对中国思想发展影响深远的命题。孟子的性善说提出后，思想家们并没有停止对人性问题的探讨，又提出了种种理论与主张，如"性恶""性三品""善恶互混""性善情邪"等等，但都没有取代孟子的性善说，性善说是中国人性论的主调，"人之初，性本善"为中国人所广泛接受。

仁政说

性善说贯彻到政治层面就是仁政说。仁政就是以仁行政，要求统治者以高度的同情心关心百姓，就是"以不忍人之心，行不忍人之政"。

作为政治人物，推行仁政不是能不能的问题，而是为不为的问题。对此孟子与齐宣王有段精彩的对话，可以说明这一问题。

孟子说："听说大王有次坐在殿堂上，有一个人牵着一头牛从殿前经过，大王您看见之后就问：'牛牵到哪里去？'那人回答说：'准备宰了祭钟。'大王说：'放了它吧！看到它哆嗦害怕的样子我实在不忍心，像它这样没有犯什么罪过却被送往屠宰场。'那个人问：'那么就废止祭钟仪式吗？'大王说：'怎么可以废止呢？用羊来替换它吧。'不知道果真有这回事吗？"当齐宣王回答说"有"时，孟子告诉他："您的这种心就足以实行仁政，而王天下了。"

齐宣王对此不解，孟子指出：您以羊易牛，并不是因为舍不得一头牛，而是因为您有不忍之心。现在大王您的不忍之心足以及禽兽，却不能及于百姓。由此孟子指出：王天下不是挟泰山以超北海那样的"不能"，而是不想为年长者折根枝条那样的"不为"。

作为统治者而言，仁政，人人可为，人人能为，只是为与不为而已。实行仁政，首先要关心民生，解决百姓的温饱问题。孟子指出，在五亩大的宅院中，周围栽上桑树，让五十岁以上的人穿上轻软的衣服，鸡、猪之类的家畜按时繁殖、饲养，让七十岁以上的人可以经常有肉可吃；百亩大的田地，及时耕种，数口的家庭可免于挨饿；然后搞好学校的教育，反复向人们阐明孝敬父母、尊敬兄长的道理，这就是在推行仁政与王道。

孟子认为，作为统治者应当具有高度的同情心，自己首先是仁者，才能行仁政。他说"惟仁者宜在高位"，社会位置越高，道德要求也就越高。如果坏人、恶人掌握权力，孟子指出，这是将自己的丑陋、恶习向大众流播。这是儒家一直重视圣君贤相的精英政治的原因。

孟子继承了中国古老的民本主义的传统，在中国思想史上首次亮出"民为贵，社稷次之，君为轻"的旗帜，在中国历史上产生了重大影响。他指出，"得乎丘民而为天子"，夏桀与商纣之所以失去天下，是因为失去了百姓的拥护；他们之所以失去百姓的拥护，是因为他们失去了民心；失去民心，是因为他们完全无视民众的诉求。"得天下有道：得其民，斯得天下矣；得其民有道：得其心，斯得民矣；得其心有道：所欲与之聚之，所恶勿施尔也"。(《孟子·离娄上》)这种主张已经具有民主主义的色彩，至少可以说孟子是民意论者。

仁政是孟子治理天下的方式，而王道是孟子追求的目标。在孟子那里，目标与手段是一致的，也可以说王道就是仁政，仁政就是王道。王道是与霸道相对的，王道与霸道的区别在于是尚德还是尚力。王道是以德行仁，霸道却以力假仁。霸道虽然打着仁义的幌子，借助武力实现自己的目的，而王道是以德服人。孟子认为，以力服人，别人并不是真心诚服，而是力量没有你大罢了，以德服人才能让人心悦诚服。

孟子是战国中期一代大儒。他在百家争鸣、诸子并作的时代里，以坚定的儒家立场，斥墨翟，批杨朱，反许行，砥柱中流，捍卫了儒家学说的主体地位，为儒家学说的传播与发展尽到了时代的使命。

3.荀子：辨性恶，重礼义

荀子是先秦时代最后一位大儒。他姓荀，名况，赵国人。年十五东游于齐，曾三次出任齐国稷下学宫的祭酒即学宫之长，人称他"最为老师"，又两度出任兰陵令，最后闲居兰陵，著书立说，并在兰陵终老。山东省兰陵县有荀子墓。

荀子的人性论与孟子的性善说不同，他明确指出：性恶。人性为什么是恶的呢？荀子讲出一番理由。他说：人的本性，生来就好利，顺着这个本性，因此争夺就产生了，人与人之间的辞让就没有了；生来就有仇恨别人的本性，顺着这个本性发展，残害就发生了，而人的忠信就没有了；人生来就有耳目之欲，就有好声色的本性，顺着这个本性发展，所以淫乱就产生了，人的礼义文明就没有了。"从人之性，顺人之情，必出于争夺，合于犯分乱理而归于暴"。(《荀子·性恶》)显然,性恶是荀子"以果推因"得出的结论,即顺着人的本性发展会产生恶果,所以这个因是恶的,故而性恶。

荀子认为,人的本性是恶的,善从哪里来呢? 他指出,来自后天的教化。他提出一个重要命题,叫"化性起伪",即转化人恶的本性,经过后天的教化让人达到善的目的。故而荀子特别强调教化的必要性、重要性。

其实,荀子的性恶论与孟子的性善论并不矛盾,因为两个人对人性的理解不同。孟子的人性是指动物所没有、人所特有的本质存在,而荀子所说的性主要指向人与动物共同的本质存在。就人之所以为人的问题上,荀子与孟子并没有差异。荀子指出:"水火有气而无生,草木有生而无知,禽兽有知而无义,人有气、有生、有知,亦且有义,故最为天下贵也。"(《荀子·王制》)人之所以为人,孟子认为在于仁义,荀子看来也在于礼义,二者并没有本质区别。

荀子与孟子一样,都重视修身,重视教育。孟子论证了人的教育的可能性,而荀子论证了人的教育的必要性,荀子性恶论的终点正是孟子性善论的起点,两种看似矛盾的不同的主张在儒家学说的体系内可以相互补充。不过,自宋元以来,学术界普遍尊孟抑荀,荀子的性恶论被污名化了。

荀子还特别重视礼义制度。如果说孟子政治学说是仁政与王道,那么荀子的政治学说可以说是礼政与王制。他说:"君人者,隆礼尊贤而王,重法爱民而霸。"(《荀子·大略》)礼义制度建设是荀子治国理政的基础。"礼者,法之大分、类之纲纪也"。(《荀子·劝学》)礼在荀子思想体系中的地位如同仁在孟子思想体系中的地位,孟子主张"仁政",荀子主张"礼政"。礼是一切法律制度的依据,是一切事务推类的根本原则。

"人无礼则不生，事无礼则不成，国家无礼则不宁"。(《荀子·修身》)

如何治理国家，荀子有个比喻。他说，驾车的马受惊了，君子还能安心坐在车子上吗？治理国家如同驾车一样，一旦老百姓由于政策失误而受惊了，动荡起来，任何统治者都不能安居于自己的位置上。马受惊了，最好的办法是让马安静下来；百姓受惊了，最好是给百姓以恩惠。百姓如何才能安静呢？荀子设计了一套方案，这就是"选贤良，举笃敬，兴孝弟，收孤寡，补贫穷，如是，则庶人安政矣。庶人安政，然后君子安位"。由此他以水舟之喻来说明百姓与国君的关系。"君者，舟也；庶人者，水也。水则载舟，水则覆舟"。他还说，统治者"欲安则莫若平政爱民矣，欲荣则莫若隆礼敬士矣，欲立功名则莫若尚贤使能矣"，这是领导人最大的操守。(见《荀子·王制》)

"平政爱民""隆礼敬士""尚贤使能"是他为统治者治国平天下开出的三个药方，由此可以窥见荀子的政治情怀和他对当政者的诉求。荀子是位儒家人物，是战国时代最后一位大儒，他既坚持了儒家民本主义、精英治国、道义至上等原则立场，同时他在批判百家的基础上，又力图融会百家、超越百家，因此"公平""正义""礼法""制度"等具有现代意义的用语在他那里随处可见，这里不再一一讲述。

二、墨家：兼爱非攻，崇尚科技

2016年8月16日1时40分，中国在酒泉卫星发射中心发射了首颗量子科学实验卫星，这颗卫星被命名为"墨子号"。"墨子号"以中国古代思想家、墨家学派的创始人墨子命名，这在中国航天科技史上具有特别的意义。为什么这颗卫星以墨子命名呢？理由是墨子最早提出光沿直线传播的观点,并首次进行了小孔成像实验,"墨子号"卫星的命名正是为了纪念墨子在早期物理光学方面的贡献。在中华文化的谱系里,墨子主要是作为思想家而存在,而墨子及其后学在物理学、光学、数学、逻辑学、工程学乃至技术发明等方面都有贡献。墨子曾与中国古代伟大的发明家、中国工匠鼻祖鲁班比巧,他发明的"飞鸢"比鲁班制作的飞得还高,在天空中待的时间更长。

墨子,姓墨名翟,具体生卒年月已不可详考。有的学者认为,墨子大约生于公元前480年,死于公元前420年。孔子去世前后,墨子出生。墨子自称自己"上无君上之事,下无耕农之难"(《墨子·贵义》)。既没有出来做官,也不需要亲自参加农业生产,应当是相对自由的手工业者。由于他看到民众"饥不得食,寒不得衣,劳不得休"的现实,便创立自己的学术团体,宣传墨家的政治理想,上说下教,以匡时救弊,以至于有"墨突不得黔"的传说。"墨突不得黔"是说,墨子及其学生每到一处,做饭的烟囱还没有熏黑就转到另一个地方了,说明他们救世之急。后人辑有《墨子》一书,集中表达了墨家学派的主张。

1.墨家源于儒家与墨离为三

在先秦时期最为显赫的学派有两家:一是儒家,一是墨家。《韩非子·显学》篇开头便说,"世之显学,儒、墨也"。墨家与儒家并称显学,墨家的创始人墨子像孔子一样受到其信徒的热捧。墨家是从哪里来的呢?《淮南子·要略》说:"墨子学儒者之业,受孔子之术,以为其礼烦扰而不说,厚葬靡财而贫民,久服伤生而害事,故背周道而用夏政。"墨学源于儒家,或者说是从儒家阵营中出走的反对派。墨子看到了儒家的不足:(1)儒家的礼过于繁杂,不切实用;(2)儒家主张的厚葬,造成百姓财富浪费以至贫困。三年守丧，时间太久，影响了人口的繁衍，妨碍社会生产，由是"背周道而用夏政"。与孔子推崇文、武、周公不同，墨子推崇大禹。

孔子以"有教无类"为办学方针，像墨子这样出身于社会底层的人是最大的受惠者，否则，他不可能成为一代学者并开宗立派。孔子死后，孔子弟子散游四方，儒者在不同的地区、从不同的方面对孔子思想进行引伸和发展，墨子有了"学儒者之业，习孔子之术"的机会。而孔子死后，儒分为八，墨子是向哪一派学儒者之业、习孔子之术的呢？我们认为，他最有可能是从主张"尊贤而容众"的子张之儒直接走出的。

理由有三：其一，墨子与子张一样都来自于社会的低层即所谓"贱人"，大致相同的出身背景容易形成共鸣，找到知音，墨子向子张学习是有可能的。其二，从性格上分析，孔子称"师也辟"，"师"就是子张，"辟"就是偏激，就是不合乎中道原则即适度原则的"过"。墨子的行为是对孔子救世热忱的进一步强化，兼爱对仁爱不就是一种"过"吗？其三，从《论语》记载的子张言论中，我们可以看到子张的思想倾向与墨家最为接近。子张主张"尊贤而容众，嘉善而矜不能"（《论语·子张》）。"尊贤"与"尚贤"同义，"容众"与"兼爱"同功。

由墨子所开创的墨家是一个十分特殊的学派，与其说他们是一个学派，还不如说他们是一个组织严密、带有宗教色彩的政治兼军事团体。他们的领袖称作巨子，老一代巨子死前，亲自指定一个人为下一代巨子。墨子可能是墨家的第一位巨子。墨子死后，墨家这个团体开始分化为三派：有相里氏之墨，有相夫氏之墨，有邓陵氏之墨，三派取舍相反、不同，而都称自己得到墨子学说的真传，称其他两派为"别墨"。墨家在战国时代已经形成一个庞大的群体，信众之多，让孟子惊呼："墨翟之言盈天下。天下之言,不归杨,则归墨。"(《孟子·滕文公下》)但到两汉以下,墨家式微,以至于无人传墨家之学,至近代,西学东渐,墨子才再度受到学界的重视,走入人们的视野。有学者考证:山东胶州市为墨子的故乡,该市设有墨子研究中心,每两年开一次墨学国际学术研讨会,建有墨子博物馆,墨学的传承与研究随着中国经济的崛起走进了新时代。

2.兼相爱,交相利

墨子认为,志士仁人一定要以"兴天下之利,除去天下之害"为自己的使命与担当。如何兴利除害呢? 由是墨子提出了"兼爱""非攻""尚贤""非命""尚同""节用""节葬""非乐""天志""明鬼"十大主张,但十大主张的核心是"兼相爱,交相利",我们称墨家是爱的理想主义。

墨子认为,当今之世,天下之害是"国之与国之相攻,家之与家之相篡,人之与人之相贼,君臣不惠忠,父子不慈孝,兄弟不和调"(《墨子·兼爱中》)。天下之害产生的根源在哪里? 他认为,在于人们不相爱。他说:

> 诸侯不相爱,则必野战;家主不相爱,则必相篡;人与人不相爱,则必相贼;君臣不相爱,则不惠忠;父子不相爱,则不慈孝;兄弟不相爱,则不和调。天下之人皆不相爱,强必执弱,众必劫寡,富必侮贫,贵必傲贱,诈必欺愚。凡天下祸篡怨恨,其所以起者,以不相爱生也。(《墨子·兼爱中》)

用什么办法来改变局面,让天下归于太平呢? 墨子提出以"兼相爱,交相利"的办法来改变它。"兼相爱，交相利"就是"爱人若己"。具体地说就是"视人之国若视其国，视人之家若视其家，视人之身若视其身。是故诸侯相爱，则不野战；家主相爱，则不相篡；人与人相爱，则不相贼；君臣相爱，则惠忠；父子相爱，则慈孝；兄弟相爱，则和调。天下之人皆相爱，强不执弱，众不劫寡，富不侮贫，贵不傲贱，诈不欺愚"（《墨子·兼爱中》）。这样凡天下祸篡怨恨，都不会发生。

在墨子看来，"兼相爱，交相利"的推行首先在使国君喜欢，"君说之，则士众能为之"，即只要国君喜欢，下层民众一定能办得到。他举例说，楚灵王喜好细腰，满朝臣子一天只吃一顿饭，饿得扶墙而后起，一年之后，朝中就有面黄肌瘦之徒。越王勾践好勇，以勇教训下属，焚舟失火，他想试试这些勇士们是否勇敢，于是告诉他们说：越国的宝贝全在船上。自己亲自播鼓，让勇士们下去救宝，百余人奋不顾身，蹈火而死。墨子认为，"爱人者，人必从而爱之；利人者，人必从而利之。恶人者，人必从而恶之；害人者，人必从而害之"。（《墨子·兼爱中》）人们明白了这个道理，"兼相爱，交相利"有什么困难呢？由此，墨子及其信众上说国君，下教士庶，努力推行他的兼爱主张。

3.尚贤非攻

"非攻"是墨子思想的重要内容，它既是兼爱的具体行动，也是兼爱的有机补充，也是兼爱的前提。墨家非攻有一个非常成功的案例。

墨子的同乡公输般为楚国制造了新的攻城器械——云梯，准备攻打宋国。

墨子正在鲁国讲学，听说后立即出发，前往楚国，劝说楚王放弃这场非义之战。他走了十天十夜，脚都磨出水泡，裹足再走，终于见到公输般。

公输般问墨子,你不远千里,来到楚国,有什么事要求我办吗?

墨子说,北方有个人羞辱了我,我想请你去杀了他。公输般一听,很不高兴。墨子说,我愿意拿出千两黄金。公输般说,我做人的原则是不杀人!

墨子听了公输般的话,十分高兴。墨子说,我听说你已经造了攻城器械,准备帮助楚国攻打宋国。楚国是个大国,宋国是小国,你们这是在杀不足以供有余,这是不智、不仁、不忠。你信奉不杀人,但战端一起,宋国将有多少人头落地;你做人的原则是不杀人,但你却要杀那么多人,这是不知类。公输般无言以对。墨子对他说,为什么不停止这场战争呢?

公输般说,我已经答应楚王了,无法改口。墨子说,让我去告诉楚王吧。

公输般带墨子见了楚王。

墨子问楚王:现在有人放弃自己华丽的车子,而去偷邻居家又破又烂的车子;舍弃自己漂亮的衣服,而去窃邻居家的粗布衣服,您觉得这个人怎样?楚王不假思索,脱口而出:这种人一定得了偷窃病了吧。墨子乘机向楚王说:楚国地方广大,物产丰富;宋国土地狭小,资源短缺,而大王要攻打宋国,您这不是与那位放弃华丽的车子去偷邻居破车,舍弃自己漂亮衣服不穿而去偷邻居家破衣的犯了偷窃病的人一样吗? 更何况,大王攻打宋国,以大欺小,必然失去道义。楚王被墨子说得理屈词穷。

但他以公输般已经为他做了攻城的云梯为由,不愿放弃攻宋计划。墨子说,即使你们有攻城的云梯,也同样攻不下宋国的都城,不信我们可以试试。于是墨子解下腰带,围成圆圈,作为宋国都城,而公输般以木片为云梯,演习攻防。公输般使用了多种攻城方法,都被墨子一一破解,公输般攻城的方法已经没有了，而墨子守城的方法却还有不少。

公输般说，我知道如何攻下宋国了，但我不说。墨子说，你不就是想杀死我，然后就没有人帮宋国守城，就可以攻下宋国了吗？我正告你，我出发前就已想到你们会这样做了。我已经派我的大弟子禽滑厘带领三百多位勇士在宋国等待你们，并已将守城之法全部传授给他，你们杀死我也无用。楚国无奈放弃攻宋计划。

墨子完成游说楚国国君的使命，返回鲁国。在归国途中，经过宋国都城，时天降大雨，墨子想进城门内躲雨，守城门的人没有给他开门。

墨子止楚攻宋不是为了让宋国人民感谢他，更不是为了获得报酬，而是为了践行自己的非攻理论主张，实现天下太平的理想。所谓"非攻"就是批判杀人众多的攻战。他说，杀死一人，是一死罪。杀死十人，是十重死罪。杀死百人，是百重死罪。天下人都知道这是"不义"，起而非之。然而，攻人之国，杀死那么多人，却赞美这种行为，认为这是合乎道义，这是不辨义与不义的区别。这与见到黑的东西知道这是黑的，黑的东西见多了反而说它是白的东西一样，是不辨黑白。非攻是墨子兼爱的具体实践，结束战乱、实现天下和平是兼爱的前提。

如何才能兴利除害，怎样才能保证人们兼相爱，交相利？墨子提出了贤人政治即精英治国的思想，这一思想他称之为"尚贤"。

尚贤思想是墨子治理社会的重要方式，也是其思想的重要内容。"尚贤"就是尚贤使能，用今天的话说，就是精英治国。在他看来，人才之多寡关系到一个国家的兴亡成败。他说："国有贤良之士众，则国家之治厚；贤良之士寡，则国家之治薄。故大人之务，将在于众贤而已。"（《墨子·尚贤上》）这是说，一个国家有德有才的读书人多，这个国家就会治理好；一个国家有德有才的读书人少，这个国家就难以治理好。所以当权者的重要责任不过是努力吸引人才罢了。

墨子尚贤思想的可贵之处在于：要求打破当时世卿世禄的人才制度，反对贵族专政，主张"官无常贵，而民无终贱"，将国家的管理权与决策权向"农与工肆之人"开放，让出身微贱但有智慧才干的人参与政治，参与管理。他说："农与工肆之人，有能则举之，高予之爵，重予之禄，任之以事，断予之令。"（《墨子·尚贤上》）"不党父兄，不偏贵富，不嬖颜色。贤者举而上之，富而贵之，以为官长；不肖者抑而废之，贫而贱之，以为徒役。"（《墨子·尚贤中》）墨子为什么要尚贤呢？在墨子看来，贤者应当承担更大的社会责任。"有力者疾以助人，有财者勉以分人，有道者劝以教人。若此，则饥者得食，寒者得衣，乱者得治。若饥则得食，寒则得衣，乱则得治，此安生生"。

《吕氏春秋·去私》记载了墨家巨子腹䵍的故事，很能体现墨家的情怀。墨家巨子腹䵍在秦国做官，他的儿子杀了人，杀人偿命这是天经地义的，腹䵍的儿子理应偿命。但秦国国君秦惠王却说："腹䵍先生，你年事已高了，又没有其他儿子，我已经下达命令，不杀你儿子了。先生你就成全我的想法吧。"腹䵍回答说："墨者之法有言：'杀人者死，伤人者刑。'这就是为了禁止杀人、伤人的事件发生的。禁止杀人伤人，这是天下之大义。大王你虽然给予我儿子特别恩赐，免他死罪，腹䵍却不可以不行墨者之法。"于是不许惠王，自己的儿子最终被杀偿命。《吕氏春秋》的作者赞叹说："子，人之所私也，忍所私以行大义，巨子可谓公矣。"墨家讲公正而不徇私情，重公义而忘自己，这是非常难能可贵的。

墨子的尚贤思想经过两千多年的历史积淀，已经成为一笔宝贵的精神财富。当代社会发展，中华民族的伟大复兴离不开人才，人力资源尤其是优质的人才队伍是当代社会发展的重要保障，我们应该积极汲取墨子尚贤思想的合理因素,弘扬墨子的尚贤使能精神,营造爱才、惜才、重才的良好社会氛围,努力开创人才辈出、人尽其才的良好社会局面,为实现中华民族的伟大复兴服务。

4.科技贡献

学术界一般认为,墨家的科技贡献及逻辑学主要保存在《墨子》之《经上》《经下》《经说上》《经说下》《小取》《大取》六篇文献中,而学者大都认为这六篇文献是墨子后学即后期墨家的作品。

墨辩逻辑学

墨家的创始人墨子非常雄辩,但辩论必须有共同标准才有辩论之可能,否则只能各说各话。墨子提出了"言必立仪",即言说一定要有一个标准这一命题。为了证明自己理论的正确性,他提出了著名的"三表法"。战国时代,百家争鸣日趋激烈,为了使墨家在争鸣中占据主动,墨家对论辩的技巧与规则进行了研究,由是出现了中国古代第一个比较完整的逻辑体系即墨辩逻辑。

墨辩逻辑学主要分析了名、辞、说、故、理、类等概念。

以名举实。名就是名称,就是概念。墨家学者指出名是用来摹拟、称谓事物的所然与所以然之性质的。墨家将名分为达名、类名、私名三种,达名就是范围最广的概念,相当于我们今天所说的哲学范畴,如"物",就是达名,天下的一切无不可称为"物";类名相当于集合概念,如"马",无论是白马、黑马、黄马、雄马、雌马、大马、小马等等,凡马皆可称之为马;私名是单称概念,如孔子、苏格拉底等,只限于对某一个体事物之称谓,包括专名或姓名。

以辞抒意。辞是运用名言来表达对事物的陈述或命题断定,以辞抒意即用陈述或命题判断表达对客观事物的理解与人们的思想。如"白马,马也;乘白马,乘马也",白马是马,骑白马就是骑马,这就是以辞抒意,这种直接推理就是"比辞而俱行",这就是"立辞"。辞有时就是"言",我们今天还有"言辞"一语,用以表达对事物的陈述。以辞抒意也就是以言表意。

以说出故。说就是言说,即通过言说的方式以确定命题或判断的根据和理由,相当于我们今天的推理。后期墨家认为,我们的知识分为闻知、说知、亲知三种。说知是在亲知和闻知的基础上间接推理获得的知识。如我们已经"亲知"即亲身观察知道室外之物的颜色是白的,又"闻知"即听说知道室内之物的颜色与室外之物的颜色一样,由此就可以推出室内之物的颜色也是白的,这就是"说知"。

后期墨家的逻辑理论非常丰富,它是中国古代逻辑的典型代表。墨辩逻辑学是可以同古希腊亚里士多德的逻辑学、古印度因明学相媲美的逻辑体系,在世界逻辑学说发展史上都占有一席之地。两汉以下,墨家的逻辑学说受到忽视,在近两千年的历史长河中,只有晋朝鲁胜作过《墨辩注》。近代以来,墨辩逻辑学在西学的刺激下被重新发现,孙诒让、梁启超、章炳麟、胡适、章士钊、谭戒甫、高亨等在墨辩逻辑学研究方面卓有成就,为墨辩逻辑学在近代复活奠定了基础。

物理学与光学

什么是时间? 什么是空间? 是哲学家的问题,也是物理学家的问题,这一问题至今仍然让哲学家与科学家感到困惑。墨家对时间与空间下过一个比较好的定义。"久,弥异时也","久"就是时间,墨家认为这种时间包括一切不同的时间。"宇,弥异所也","宇"就是空间,空间包括一切不同的场域。"力,刑(形)之所以奋也","力"是使物体所以运动和加快运动的原因。《经上说》进一步指出,"力,重之谓",即物体重量与力有着密切的联系。

在光学方面,后期墨家发现了小孔成像的原理,发现光直线传播的规律。墨家做过一个小孔成像实验,光线照入小孔像箭的射入一样,即光是直线传播的,从物体高处射入的光线到达壁的下方,从物体低处射入的光线到达壁的上方。人足在下,遮住下光,故足的影成于壁的上方,人头在上,遮住上光,头的影成于壁的下方。

墨家学派客观、理智,在逻辑学、物理学、数学等方面都有杰出贡献,非常可惜的是,墨家的这些贡献在两千多年来未有受到足够的重视,不能不说是中国文化发展史的一大不幸!

三、道家:道法自然,无待逍遥

人人都懂得"争强好胜",认为强大才能取胜,但有人告诉你,守弱才是致胜法宝,你能信吗? 现代崇尚竞争,但有人告诉你只有"不争",才是天下最好的"争",你信吗? 现代人推崇创新,要"敢为天下先",有人告诉你"不敢为天下先",你认同吗? 现代人对科学技术的发展十分赞叹,有人告诉你人类追求贪图安逸所产生的投机取巧的心理必然败坏人类最纯美的道德,你信吗? 等等,不一而足,一反常态。告诉我们反常道理的这一家就是道家。道家代表人物是老子与庄子,老庄学说在道家发展中的地位如同儒家的孔孟之道。

1.老子：道法自然

老子是谁？司马迁在《史记》中为老子立传时，对创作《老子》一书的作者老子的身份就搞不清楚了，他记载了三个老子：一个是春秋末期的老聃，一个是战国初期的周太史儋，一个是春秋末期的老莱子。韩愈、汪中、梁启超、冯友兰、罗根泽等等都作了大量、翔实的考证，证明《老子》一书不出于春秋末期的老聃，而是出于战国初期的周太史儋。我们认为这个结论是可信的。

"道"是道家的核心范畴，是用以说明世界的本原、本体、规律或原理的核心观念。不过，在中国哲学史上"道"这一范畴早在道家学派产生之前就已出现了，在《易经》《尚书》《诗经》中"道"已被反复使用，不过"道"的原始意义是指道路、坦途，后来逐渐发展为道理，用以表达事物的规律、本质。将道看作是宇宙的本原和普遍规律，借它说明一切自然与社会现象则始于道家的创始人老子。以后，在不同的哲学体系中其含义各有不同，但基本上成为世界本原、本体、规律或原理的代名词。

什么是道家的道？《老子》一书开篇即说："道，可道，非常道；名，可名，非常名。"这是说，道如果用语言可说清楚，它就不是恒常之道，这表明道不能用言语表述，而要用心去体悟。

道用语言说不清楚，但老子不能不用语言来说明道。在他的言说系统中，道是世界本原。儒家认为，世界上的一切事物都是天地生成的，墨子认为世界的根据是"天志"，在天地之前是什么，儒家与墨家都没有作出说明。老子认为在天地之先还有比天地更根本的东西，那就是"道"。所谓"有物混成，先天地生"。道运行不息，为天下万物之母。"道生一，一生二,二生三,三生万物"。(《老子·第四十二章》)"道生一","一"就是道,"道生一"就是道自己产生自己,道自生而不是别的东西所创生。"一生二"就是混沌合一之道产生阴阳二物,或者天地。"二生三"就是由天地产生气,天、地、气而为三,"三生万物"即天、地、气而产生世界上一切万物。

老子认为道是运动的,运动是有规律的,"反者道之动"(《老子·第四十章》),这是说事物向自己对立面转化就是道的运动规律。宇宙间到处充满着两个互相矛盾的对立面:有无、难易、长短、高下、前后、美丑、祸福、刚柔、强弱、损益、兴衰、大小、动静、生死、胜败、进退等等。这些对立的双方既互相依存,互为前提,又相互转化。正是"有无相生,难易相成,长短相较,高下相倾,音声相和,前后相随"(《老子·第二章》)。"反者道之动",说到底就是我们平时所说的"物极必反"。

既然一切事物都会向着自己的对立面转化,强会转化为弱,那么怎样才对自己有利呢? 是守强,还是守弱? 老子认为,守弱对自己最为有利。因而老子认为,要过合乎道的生活,就要"贵柔"、"守雌"、守弱、处不争。他说:"弱者道之用。"(《老子·第四十章》)"天下之至柔,驰骋天下之至坚。"(《老子·第四十三章》)"圣人之道,为而不争。"(《老子·第八十一章》)"以其不争,故天下莫能与之争。"(《老子·第二十二章》)老子要人们遵循道的原则去生活,要以静制动,以弱胜强,以柔克刚。但我们不能将老子思想绝对化,一般情况是弱固不可以胜强,柔也无法克刚,这是天道,但在特殊条件下弱可以胜强,柔可以克刚。

老子特别推崇水。在他看来,水之德性与道最相契合。"上善若水,水善利万物而不争"。水守弱、守柔、处下、不争,水是柔顺的,它可以随圆就方;水是处下的,它向低处流,水滋润万物,从来不争功。

"人法地，地法天，天法道，道法自然"。这是说，人要效法地，地效法天，天效法道，道效法自然。"道法自然"是说道即自然，道法自然是道自己效法自己。过道的生活就是效法自然的生活，要天然去雕琢，去掉一切人为的粉饰、矫情、造作，返本归真。

老子主张无为而治。老子反对统治者乱指挥，瞎折腾。他有一句话十分有名："治大国若烹小鲜。"他认为治理一个大国，就像烹调小鲜鱼一样，尽量少翻动它，鱼熟了还像条鱼；相反，若不断折腾，那就只能喝鱼粥了。"我无为而民自化，我好静而民自正，我无事而民自富，我无欲而民自朴"。(《老子·第五十七章》)作为统治者不干预百姓，百姓自然就治理好了。统治者喜好静，而老百姓自然就会自我约束自己。统治者没有欲望，老百姓自然就会朴实无华。老子的无为而治的最高境界是不治而治，完全放开、散开，让社会回归自然，让百姓回归自然，而这种境界的实现只能小国寡民才能办得到。所谓"小国寡民"就是国家要小，人民要少。他说：在小国寡民的社会里，即使有效率很高的机械也不使用；使人民爱惜生命，不向远方迁徙。虽然有船和车，却没有必要乘坐它；虽然有武器装备，却没有地方去陈列它。使人民重新回到用结绳的方法来记事的时代里，使百姓有吃有穿有住，喜好自己的习俗。邻近的国家互相望得见，鸡鸣狗叫的声音互相听得见，而生活在这样小国里的人与邻国之人直到老死也不相往来。

治大国是少折腾，而小国的治理完全自由、放开、散开，不用折腾，让百姓完全回归自然。这里不是为不为的问题，而是让为根本没有地方着力，为没有存在的必要。在这样的社会里，当然贤人也派不上用场，智慧只能产生机心，"绝圣弃智，民利百倍；绝仁弃义，民复孝慈；绝巧弃利，盗贼无有"。(《老子·第十九章》)这是说，抛弃聪明智巧，人民可以得到百倍的好处；抛弃仁义，人民可以恢复孝慈的天性；抛弃巧诈和货利，盗贼也就没有了。圣智、仁义、巧利根本无法治疗社会之病，只有回归到圣、智、仁、义、巧、利产生之前的时代里去，让人们保持纯洁、朴实的本性，减少私欲杂念，抛弃圣智礼法的浮文，才能免于忧患。

春秋战国时代，是中国社会大变革的时代，也是人类物质文化与思想文化实现自我突破的时代。如何对待人类文明的进步？孔子抱着审慎的乐观，而老子认为人类文明的每一步进展都意味着人类的自我异化与堕落！他尤其痛恨作为人类文明成果的礼乐典章，直接批评其为一切祸乱之源，"返朴归真""道法自然"是他的追求。

2. 庄子：无待而逍遥

庄子，姓庄，名周，字子休，一说字子沐。生卒年月已不可详考，大约生于公元前369年，死于公元前286年，宋国蒙人。他是战国中后期道家学派的代表人物，后世将他与老子合称"老庄"。庄周曾在宋国做过漆园吏的小官，他家里很穷，曾向监河侯借粮，监河侯找了个理由没有借给他。楚威王听说他的才学很高，派使者带着厚礼，请他去做相国。庄子对使者说："千金，重利也；卿相，尊位也。可你就没有看见祭祀用的牺牲吗？喂养它好几年，然后给它披上有花纹的锦绣，牵到祭祀祖先的太庙去充当祭品。到了这个时候，它就想当个小猪，免受宰割，也办不到了。你赶快给我走开，不要侮辱我。我宁愿像乌龟一样在泥塘里自寻快乐，也不受国君的约束。我一辈子不做官，让我永远自由快乐。"当时诸侯混战，争霸天下，庄子不愿与统治者同流合污，遂隐居著书，达十余万字。

他讲过浑沌之死的故事。《庄子》书中记载，说南海的帝王叫作倏（shū），北海的帝王叫作忽，中央的帝王叫作浑沌。倏和忽常常相遇在浑沌的地方,浑沌对他们非常友好,儵与忽一心想报答浑沌对他们的恩德。他们商量说:"人都有目、耳、口、鼻七窍,用来看、听、吃、呼吸,唯独浑沌没有七窍,让我们试着给他凿出七窍。"于是儵和忽每天替浑沌开一窍,到了第七天,浑沌就死了。庄子认为,儵与忽是人的思维,不是道的思维,儵与忽的行为就是人为,人故作聪明,而浑沌是一片自然,也是本然,为浑沌开窍就是对自然的破坏,让其失去本然。窍开了,自然不再自然,本然失去本然。浑沌开了,浑沌就不再浑沌,浑沌当然也就死了。庄子由老子的法自然进而要与自然为一,保持人本然即天然的状态。

他主张万物齐一。万物齐一是说天地间的一切事物,天人之间、物我之间、物物之间,大小、长短、是非都是一样的,没有差异,差异是由人的主观想法造成的,这就是他著名的"齐物论"。齐物论是庄子哲学的核心思想。一切事物都是无差别的,人们对事物的认识本来就没有确定不移的是非标准。他认为小草棒与大梁柱、丑八怪与美女西施,以及各种千奇百怪的现象在道的意义上都是一样的。由于人们的心灵不是道的心灵,于是各自以"成心"即主观片面的认识来看待世界上的一切事物。一有"成心",便自以为是,以彼为非,于是就产生了是非之争、情感之喜怒,"彼亦一是非,此亦一是非","是其所非而非其所是"。(《庄子·齐物论》)从道的角度,本无是非的区分。正像一群猴子,养猴子的人给猴子分发橡栗,说早上给三个,晚上给四个,猴子们大怒。养猴子的人改说,早上四个,晚上三个,群猴立即高兴起来。朝三暮四与朝四暮三数量是一样的,猴子喜怒却有不同。

庄子认为,从道的观点来看,世间没有大小、长短、彼此、贵贱、寿夭、可与不可、是与非等等。"天下莫大于秋毫之末,而大山为小;莫寿于殇子,而彭祖为夭。天地与我并生,而万物与我为一"。(《庄子·齐物论》)

从道的观点看，世上本无大无小，如果你说大，天下还没有任何东西比秋毫之末大，而泰山反而可称为小；刚出生就死亡的小孩子反而长寿，而长寿的彭祖反而命短。在庄子那里，大小泯，寿夭一，是非无，贵贱等，物我一，从这个意义上说，"天地与我并生，万物与我为一"。人们过一种道的生活，即可安时处顺，由有待境进入到无待境，无待逍遥。当然，这种逍遥是主观主义的自我逍遥，在客观上，饿就是饿了，饱就是饱了，不能泯饿饱，所以庄周饿了，还是要向监河侯借粮的。

他还讲过庄周梦蝶的故事。庄子是相对主义的大师，在他眼里，一切都是相对的，"方生方死，方死方生；方可方不可，方不可方可"。（《庄子·齐物论》）一切都没有确定性。这种相对主义最为夸张的案例要属庄周梦蝶了。庄周说，他做了一个梦，梦见自己是蝴蝶了，飞来飞去，自己十分愉快，完全忘记自己是庄周了。一会儿醒了，自己直挺挺躺在那里，原来还是庄周啊。是庄周化为蝴蝶呢？还是现在的庄周是蝴蝶的梦境呢？庄周梦蝶向人们提出千古之问，什么是真实的人生？我们不必将真实与虚幻区分得那么清楚，虚幻的自由自在飞翔的蝴蝶可能比真实更加令人向往！庄子诗化哲学的表达诉说了浪漫主义的思想情感和极为深刻的人生哲学思考，引发后世许多知识分子的思想共鸣。李商隐的"庄生晓梦迷蝴蝶，望帝春心托杜鹃"，成为千古名句。

庄周梦蝶，并没有就此打住，而是继续为世人说梦。人生何尝不是一场大梦？宇宙又何尝不是一场大梦呢？说别再做梦，其实自己就在梦中。他说：睡梦里饮酒作乐的人，天亮醒来后很可能痛哭流涕；睡梦中痛哭流涕的人，天亮醒来后又可能在欢快地逐围打猎。正当他在做梦的时候，他并不知道自己是在做梦。睡梦中还会卜问所做之梦的吉凶，醒来以后方知是在做梦。人在最为清醒的时候方才知道他自身也是一场大梦,而愚昧的人则自以为清醒,好像他什么都知晓、什么都明了。我说你们是在做梦,其实我也是在做梦。庄周这一梦,影响千古,既然如梦,何必计较利害、得失、毁誉? 人生如梦成为中国士大夫的心灵安抚剂。

四、法家:以法为教,以吏为师

先秦时代,百家争鸣,诸子并起,其中以儒、墨、道、法四家影响最大。对儒、墨、道三家已经作了极为简要的介绍,下面谈一谈法家。

学术界一般认为,李悝(kuī)、吴起、商鞅是法家的早期代表人物。李悝是孔子的学生子夏的弟子,为魏文侯相。吴起是军事家,也是早期法家重要代表人物。吴起师事子夏、曾参,也是儒家氛围中陶冶出来的人物。商鞅是李悝的学生,"他也是在魏文、武二侯时代儒家气息十分浓厚的空气中培养出来的人物,他的思想无疑也是从儒家蜕化出来的"。①战国后期法家理论的集大成者韩非和法家理论的具体实践者李斯,都出自儒家人物荀况门下。法家从思想源头上说,它源于儒家,或者说法家是儒家的变异。商鞅源于李悝,李悝出自子夏,子夏出自孔子;韩非、李斯出自荀况,法家与孔子开创的儒家学派有着密不可分的关系。

1.李悝与《法经》

李悝(公元前455—前395年),战国初期法家的早期代表人物,为孔子的高足子夏的学生,按辈分是孔子的再传弟子。李悝相魏,曾为魏文侯相。相魏期间"竭股肱之力,领理百官,辑穆万民,使其君生无废事,死无遗忧"(《淮南子·泰族训》)。李悝在治魏期间,目的非常明确,就是

① 郭沫若:《郭沫若全集·历史编》,北京:人民出版社,1982年,第322页。

要富国强兵。为实现这一目标，他主持变法：在经济上推行"尽地力"和"善平籴"的政策，提高农民从事农业生产的积极性。在丰收之年，粮食较多，国家以平价购买余粮，灾荒年以平价售出，以平粮价；在政治上实行法治，废除维护贵族特权的世卿世禄制度，奖励对国家有贡献的人。

李悝著有《法经》一书，《法经》是中国历史上第一部比较系统的成文法典。不过，遗憾的是《法经》一书已经失传了。《晋书·刑法志》《唐律疏议》《唐六典》注中都有关于李悝集诸国之法，著《法经》的说法。至明末，董说利用东汉桓谭《新论》中有关《法经》的记述，参证诸书而考订之，李悝著《法经》的说法才被大多数学者认可。

《法经》共六篇，即《盗法》《贼法》《网（囚）法》《捕法》《杂法》《具法》。李悝的《法经》以《盗法》《贼法》为起点，《网（囚）法》《捕法》《杂法》《具法》是为前两者服务的。《法经》设律的主要目的在于治盗、治贼。"盗"，用荀子的话说，"窃货曰盗"，即是指窃取别人乃至公共财货，侵犯别人的私有财产或损害了公共利益。"贼"，害人曰贼，是指对人身的侵犯，当然也包括犯上作乱。《盗法》维护私有财产不可侵犯，《贼法》旨在维护社会秩序的有效运行以及社会安定，《囚法》是有关审判、断狱的法律规定，《捕法》是有关追捕罪犯的法律规定，《杂法》是有关处罚狡诈、越城、赌博、贪污、淫乱等行为的法律规定，《具法》是关于定罪量刑中从轻从重等法律原则的规定。《法经》是中国历史上第一部比较系统的成文法典，也是中国历代法典的蓝本，在中国法制史上具有开先河的作用。

2.商鞅"徙木立信"

商鞅（约公元前395—前338年），战国时期的著名改革家、法家思想的代表人物。他是卫国人，是卫国国君的后裔，姬姓公孙氏，又称卫鞅、公孙鞅。因功获封于商，号为商君，世人称之为商鞅。商鞅是李悝的学生，又深受吴起的影响，《汉书·艺文志》提到商鞅师事杂家中的鲁人尸佼，而刘向认为尸佼是商鞅的客卿。商鞅在魏国时，曾为魏国相国公叔痤家臣，公叔痤病重时向魏惠王推荐年轻的商鞅，认为商鞅有奇才，可任用为相。他知道魏惠王不可能用商鞅后，又说，大王既然不能起用商鞅，那就杀了他，千万不要让他走出魏国。魏惠王根本没有把年轻的商鞅放在眼里，既不用，也不杀。秦孝公招贤，商鞅带着李悝的《法经》前往秦国，与秦孝公畅谈变法治国的主张，秦孝公大喜。公元前359年商鞅任左庶长，开始变法。

商鞅变法的条令已准备就绪，还没有向社会公布，他担心百姓不会相信他颁布的法令，于是命人在秦国都城市场南门前放置一根三丈高的木头，并公开贴出告示：谁将木头搬到北门，就奖励他十金。老百姓看到后，感到很奇怪，以为是骗局，没有人去搬木头。商鞅又说："有能力搬木头到北门的人奖励五十金。"终于有一个人不怕被骗，将木头由南门搬到北门，商鞅就立即奖励了这个人五十金。商鞅以此事向百姓表明政府是讲信用的，决不欺骗百姓，于是他颁布了那些法令，在秦国很快得到贯彻执行。这就是著名的商鞅"徙木立信"的故事。

商鞅在秦国进行过两次变法，通过改革秦国上层建筑与经济基础，以达到奖励耕战，富国强兵，将秦国建设为一流强国之目的。主要内容有：（1）"开阡陌封疆"，废除井田制，承认土地私有和进行买卖，扩大农业生产；（2）废除世卿世禄制度，明令军法奖励军功。交粮食布帛多者可以改变原来身份，有军功的人可以授予爵位；（3）推行县制，实行以地区为单位的基层行政管理体制，地方官员由秦国国君直接任命；（4）改革户籍制度,禁止百姓父子兄弟同居一室,将原有宗法大家庭变成单一小家庭;(5)实行什伍连坐法,使百姓之间相互监督,相互告密与揭发。商鞅在秦国推行严刑峻法,公然为他所主张的国家暴力辩护。他说:"以战去战,虽战可也;以杀去杀,虽杀可也;以刑去刑,虽重刑可也。"(《商君书·画策》)

商鞅在秦国变法改革,大获成功,为秦国统一中国奠定了基础,但最终商鞅被车裂,妻子儿女连坐。变法是一项系统工程,涉及方方面面的利益,法的权威的树立势必导致权贵权威的损失。在变法过程中,秦孝公的太子犯法,所有人都在看商鞅如何处理。惩处太子,无论对太子割鼻、砍足、刺面等等刑罚,无疑等于废了太子,秦孝公也不会同意。如果不惩处太子,法的权威将荡然无存,商鞅将会威信扫地。商鞅向秦孝公进言说:新法能不能顺利实行,关键在于上面的人能不能遵从。现在太子也犯法了,如果不加惩处,以后大王富国强兵的愿望就很难实现。可是太子是您的亲生儿子,也是秦国未来的国君,是不能加以重责的。所以,我们最好用权宜之计,太子犯法是太子的老师没有教育好太子,应当惩处太子的老师。他竟决定对太子太傅公子虔用刑,割去了他的鼻子,又将太子少师公孙贾刺面,让他们替太子受刑。太子犯法,老师连坐,老师肯定是怨恨在心。

公元前338年,秦孝公去世,太子即位,即秦惠王。当年受到商鞅羞辱的公子虔等人终于等到机会,实名告发商鞅谋反,秦惠王下令逮捕商鞅。商鞅闻讯仓皇出逃,逃至边关,欲宿客舍,客舍主人不知他是商鞅,见他未带凭证,便告诉他,据商鞅之法,留宿无凭证的客人是要治罪的。此时商鞅一定会仰天长叹,原来他是自作自受!

既然逃亡之路被堵,商鞅只好回到自己的封地作困兽斗。他潜回封邑商,发动邑兵主动出击,秦惠王派兵攻打,结果商鞅战败身亡,其尸体被带回咸阳,车裂示众。秦惠王下令诛灭商鞅全家。

商鞅的主要言行和思想编入《商君书》一书,此书又称《商子》。

3.韩非集法家之大成

自相矛盾、守株待兔、老马识途、刻舟求剑、一鸣惊人、病入膏肓、滥竽充数、买椟还珠等等,想必大家对这些充满哲学意味的成语十分熟悉,这些成语都是出自战国后期法家思想的集大成者韩非之手,源于《韩非子》一书。

韩非,具体出生年月已不可详考,约生于公元前280年,死于前233年,出身韩国贵族。韩非与秦相李斯都是荀子的学生。韩非有口吃之疾,但善于著文。秦王嬴政非常欣赏韩非的才华,曾感叹道:"寡人得见此人与之游,死不恨矣!"意思是说,我能见到此人,与他一起讨论学问,就是死了也不感到遗憾! 为了见到韩非,嬴政发兵急攻韩国,韩国不得不起用韩非,出使秦国。虽然秦王很欣赏韩非的学问,但在存韩与亡韩问题上,韩非与李斯、与秦王存在着根本的利害冲突。秦王在重用韩非还是杀韩非之间,也是犹豫不决。最后他还是决定将韩非逮捕入狱,想要治他的罪。秦王后来又后悔了,派人去赦免他,可惜此时韩非已经死了。韩非的著作收入《韩非子》一书。

司马迁在《史记·老子韩非列传》中指出:韩非"喜刑名法术之学,而其归本于黄老",韩非的《解老》《喻老》等篇直接发挥《老子》思想,故而司马迁将老子与韩非合传。韩非学于儒家大师荀子,但他并没有继承老师的学问与思想,而是上承老子,下归刑名法术,将商鞅的"法"、申不害的"术"、慎到的"势"融为一体,博采前辈法家之长而集其大成,为秦帝国的统一完成了理论准备。

韩非主张极端自私自利的人性论。对人性的不同认知是治国理政思想的出发点,孟子主张人性本善,自然导出他的仁政说,但韩非看到人性本恶,因而他主张法、术、势三位一体,兼而施之。韩非进一步发展了其师荀子的性恶论,主张极端自私自利的人性论。他说:"好利恶害,夫人之所有也。……喜利畏罪,人莫不然。"(《韩非子·难二》)"夫安利者就之,危害者去之,此人之情也。"(《韩非子·奸劫弑臣》)在韩非看来,趋利避害是人的本性,自私利己是人们一切行为的根本出发点和归宿。造车子的人希望人们富有,造棺材的人希望人们早死,这不是因为造车子的人道德高尚,而造棺材的人心地险恶,而是人不富车子就卖不出去,人不死棺材就没有人买,都是出于个人利益考虑问题。医生常常为了治好患者,即使与自己没有骨肉之亲的关系,也能吮人之伤、含人之血,为什么呢? 在韩非看来,并不是医生善良,而是利之所加也。

在韩非看来,即使亲生骨肉之间也纯粹出于利害的计较与功利的算计,没有什么恩情可言。他说:"且父母之于子也,产男则相贺,产女则杀之。此俱出父母之怀衽,然男子受贺,女子杀之者,虑其后便,计之长利也。故父母之于子也,犹用计算之心以相待也,而况无父子之泽乎?"(《韩非子·六反》)亲生骨肉况且如此,君臣关系则完全是一种互相算计的买卖关系。"主卖官爵,臣卖智力。"(《韩非子·外储说右下》)"臣尽死力以与君市,君垂爵禄以与臣市,君臣之际,非父子之亲也,计数之所出也。"(《韩非子·难一》)韩非认为人本性恶,不可能通过教化来使之为善,只能利用严刑峻法使之不敢为恶。"父母之爱不足以教子,必待州部之严刑者,民固骄于爱听于威矣。"(《韩非子·五蠹》)他对人性极端自私自利的评判导致了他严刑峻法的治民理论。

韩非集先秦法家之大成。商鞅重法，申不害重术，慎到重势。法是统治者向百姓公布的治理国家的法律文件，术是国君统治下属的方法和手段，势是统治者治理下民的凭借与威权。申不害在韩国当宰相，重视术而不重法，结果没有让韩国变成强大的国家。商鞅在秦国十分重视法，公布了一系列的法律条文，秦国开疆拓土，占领了邻国不少土地，但由于商鞅与秦孝公不重术，结果众臣得利，秦国国君并没有得到多少好处。

"飞龙乘云，腾蛇游雾"，云与雾就是飞龙与腾蛇的势，一旦云散了，雾消了，龙、蛇与蚯蚓就没有什么不同了。"尧为匹夫不能治三人，而桀为天子能乱天下"。(《韩非子·难势》)在他看来，一个人影响力的大小并不取决于一个人的德行与才智，而是取决于他的社会地位与权势。由此，他得出了"抱法处势则治，背法去势则乱"(《韩非子·难势》)的结论。

韩非在中国历史上第一次明确提出了"法不阿贵"的思想，国君除外，他主张法律面前人人平等。他说："法不阿贵，绳不挠曲。法之所加，智者弗能辞，勇者弗敢争。刑过不避大臣，赏善不遗匹夫"(《韩非子·有度》)，以保证法律的权威。韩非这种思想对世卿世禄的宗法等级制度是一种严重的冲击与挑战，直到今天，它对人们维护法律尊严、保证法律面前人人平等，仍有积极意义。

韩非的法、术、势是帝王统治天下的三种工具，是为其极端君主专制主义服务的。他主张加强中央领导，强化中央权威。所谓"事在四方，要在中央。圣人执要，四方来效"(《韩非子·扬权》)。他主张将国家的大权，高度集中在君主一人手中，而君主治理天下必须有绝对的权势。"万乘之主、千乘之君所以制天下而征诸侯者，以其威势也"。(《韩非子·人主》)为此，韩非提出防"八奸"，去"五蠹"的御下之术。在韩非眼里，

"上下一日而百战",臣下与国君之间的关系是对立的、斗争的关系。他所防的"八奸":(1)"同床"即君主妻妾;(2)"在旁"即君主亲信侍从;(3)"父兄"即君主的叔侄兄弟;(4)"养殃"即奉承谄谀、一味讨好国君的人;(5)"民萌"即私自散发公共财物以取悦民众的臣子;(6)"流行"即寻求说客收买人心、制造舆论影响社会的臣下;(7)"威强"即豢养亡命之徒、豪侠之士的臣下;(8)"四方"即用国库财力结交大国以培养自己势力的臣下。(可参阅《韩非子·八奸》)"八奸"即八种人,这八种人随时威胁着国君的权威,对他们要严加防范,这就是韩非为国君设计的御下之术。所谓"五蠹":(1)学者,主要指儒者,这些人"称先王之道以藉仁义,盛容服而饰辩说",怀疑当世之法,让国君对变法的主张不坚定;(2)言古者,即说客辩士,主要指向纵横家;(3)带剑者,主要指"以武犯禁"的游侠,指向墨家;(4)患御者,指依附贵族并且逃避兵役的人,这类人"用重人之谒,退汗马之劳";(5)商工之民,"修治苦窳之器,聚弗靡之财,蓄积待时而侔农夫之利",不利耕战。韩非说的"五蠹"就是五类人,在韩非眼里,这五类人是国家的五种害虫,如果不除去这"五蠹",一定会国破家亡或者日益削弱。(可参阅《韩非子·五蠹》)韩非的政治理论可以概括为"一个中心""两个基本点":"一个中心"即一切以树立君主权威为中心;"两个基本点"即一个是耕、一个是战,耕则富,战则强,从而实现其国家富强、兼并天下的战略目标。

防"八奸",去"五蠹",是建立在人性本恶论基础上的极端偏执之论。这种理论可以奏效于一时,不可能长期坚持下去。因为君主一旦将防"八奸",去"五蠹"贯彻下去,国君一定会成为孤家寡人。因为一个国君处处设防,也处处被防,最终使自己陷入孤立的绝境。士、农、工、商本来相互依存,士为蠹,工为蠹,商为蠹,只保留农,最后农也无法发展。也许韩非的理论在战时状态这一特别情况下能发挥其特别作用,但他将战时状态视为常态,韩非本人已经有些不正常了。

韩非还要求国君采取一切手段清除异己,"散其党""夺其辅"(《韩非子·主道》),同时还要注意选拔一批工作在第一线有实践经验的官吏以补国家之需,"宰相必起于州部,猛将必发于卒伍"(《韩非子·显学》)。在他看来,只有实行严刑峻法,才能防奸去蠹,才能让百姓顺从,社会才能安定,国君地位才能得以巩固。韩非的理论实际上是寡头政治,是极端专制主义,无论谁完全实践这种理论或极力推崇这种理论都会变成刻薄寡恩的孤家寡人,这种理论不是不可行,而是一切有良知的政治家不愿行,也不能行。

韩非是法家理论的集大成者,"以法为教""以吏为师"是他的追求。他在《韩非子·五蠹》篇中明确指出:"明主之国,无书简之文,以法为教;无先王之语,以吏为师;无私剑之捍,以斩首为勇。"法是国家意志的体现,"以法为教"即国家意志是民众唯一的学习教材,这是另一种意义上的政教合一,即政治即教化、教化即政治,官员就是老师。韩非主张树立君主的绝对权威,君主乾纲独断,思想上反对百家之学,要求绝对统一。他说:"能独断者,故可以王天下。"(《韩非子·外储说右上》)"夫冰炭不同器而久,寒暑不兼时而至,杂反之学不两立而治。"(《韩非子·显学》)韩非的理论直接为专制主义中央集权的封建政权——秦王朝的建立奠定了理论基础,也为秦始皇的"焚书坑儒"作了理论准备。

第四章　秦汉帝国的建立与儒家独尊时代的来临

一、秦始皇：焚书坑儒，独尊法家

1.秦始皇统一六国与秦汉帝国的建立

韩非死后不到三年，秦发起灭韩战争。嬴政欣赏韩国公子韩非的文章，但首先用韩非的理论灭亡韩国。公元前230年，嬴政派内史腾率军突然南下渡过黄河，攻破韩国首都郑，韩王安投降，韩国成为第一个被秦灭亡的国家，韩非死有余恨。

前229年，秦国乘赵国遭受旱灾之际，南北合击赵国首都邯郸。前228年，攻占邯郸，俘赵王，赵国灭亡。

前227年，燕太子丹派荆轲行刺秦王嬴政，阴谋败露，荆轲被杀。前226年，秦王以此为借口，派大将王翦率兵攻打燕国，在易水大破燕军。燕王喜与太子丹率残部逃往辽东。前222年，秦将王贲进军辽东，歼灭燕军，俘虏燕王，燕国灭亡。

前225年，大将王贲率兵出关中，攻占了楚国北部的十几座城，随后立即北上出其不意地围困魏都大梁（今河南开封），引黄河水灌入城内，大梁城被水淹，魏王假投降，魏国灭亡。

前225年，秦王命大将王翦率60万大军攻楚。次年，秦军趁楚军撤退之时迅速出击,大败楚军。前223年,攻占楚都寿春,俘虏楚王,楚国灭亡。

公元前221年,秦王命王贲率秦军从燕国边界南下进攻齐国。王贲以迅雷不及掩耳之势,攻入齐都临淄(今山东淄博),齐王建投降。

嬴政最终完成兼并六国、一统天下的伟业。

秦始皇之所以能在短短十多年时间扫平东方六国,一统天下,在于他顺应了中国历史发展的潮流,合乎人心之趋向。列国纷争,战祸连年,人民苦于战乱久矣,故而心向统一。除追求"小国寡民"的道家外,儒家、墨家、阴阳家、法家等无不在思考如何结束战乱,实现统一。百家争鸣的目标是一致的,只是统一的方式不同而已,这就是"天下一致而百虑,同归而殊途"。

秦始皇统一全国后,怎样才能避免中国再度走向分裂,成为他及其谋臣们思考的重心,由是他立即着手进行政治、经济、文化等方面改革。首先,他建立了以三公九卿为核心的高度集中的中央集权制,确立了皇权至高无上的地位。其次,在地方上,他废除西周以来裂土封国的分封制,在全国统一实行郡县制,郡县直接隶属中央皇权。再次,他实行土地私有制,按土地的多少收税,统一度量衡,统一货币。第四,制定并颁布了《秦律》,在文化教育上,着手统一文字,以小篆为全国通用的文字,贯彻韩非的"以法为教""以吏为师"的主张。

西汉政权建立后,曾一度分封制与郡县制并行,中央政权与地方封国之间经过长期的较量,在有叛国而无叛郡的现实面前,郡县制是维护国家统一、维护中央皇权最有效的治理方法。汉帝国继承秦制,这一制度在中国延续两千多年。谭嗣同曾惊叹:"两千年之政,秦政也!"

2.焚书坑儒

秦始皇统一天下,然而在中国建立什么政治体制才能使国家长治久安,才能避免春秋战国时期列国纷争、生灵涂炭的局面,从朝堂到民间有着激烈的争议。统一之初,丞相王绾等请求秦始皇将燕、齐、楚故地分封给诸子为王,他们认为只有这样才有利于巩固秦朝的统治,廷尉李斯对此予以有力的驳斥。在李斯看来,春秋战国时期诸侯之间之所以战祸不断,原因就是由西周分封制造成的,只有废除西周以来的分封制,才可免除祸乱。

秦始皇三十四年(前213),思想领域的斗争再一次公开爆发,秦始皇在咸阳宫举行的宫廷大宴上,仆射周青臣当面阿谀秦始皇,说从古到今没有一位天子能比得上秦始皇的威德。博士淳于越以周青臣当面阿谀这一不德行为作为切入点,再次提出恢复分封制的主张。他认为,千余年来,殷周之王都是分封子弟、功臣,而今秦始皇你富有海内,而子弟为匹夫,破坏了这一历史传统,"事不师古而能长久者,非所闻也",而高度集权的结果只能出现周青臣这样的当面阿谀之臣,不可能出现忠臣。秦始皇听后不动声色,而让群臣议论。李斯作为丞相坚决捍卫郡县制,反对走回头路。他认为,历史是发展的,时代不同,治理的方法也应不同。李斯还尖锐地指出:淳于越等儒生"不师今而学古",甚至"道古以害今",目的在于降低皇帝的权威,以利于其结党营私,扰乱民心,危害国家政权的安定。由此李斯建议:(1)除《秦纪》、医药、卜筮、种树等书外,非博士官,有藏《诗》《书》、百家语者,一律交官府销毁,令下三十日后不交的,处以黥刑并罚苦役;(2)偶语《诗》《书》及百家语者处死,以古非今者灭族,官吏发现而不举报者同罪;(3)彻底实行"以法为教""以吏为师"的政策,确立法家在国家意识形态中的绝对地位。秦始皇对李斯的建议极为欣赏，不久后全国各地点燃了焚书之火。中国秦代以前的古典文献，短短三十天内大都化为灰烬，造成了人类历史上一次空前的文化浩劫。

后一年（前212），卢生、侯生等方士应命给秦始皇搞长生不死药，依照秦律，说到必须做到，否则要治罪。他们搞不到长生药，又害怕治罪，便到处宣传，说秦始皇不是一位好皇帝，不应为他求仙药。秦始皇知道后大为恼火，立即将他们逮捕，严加拷问。他们互相告发，最终四百六十多人受到牵连，秦始皇将这四百六十多人坑杀于咸阳，这就是历史上臭名昭著的"坑儒"。如果说焚书的导火索是淳于越的一次谏争的话，那么坑儒的导火索起于卢生、侯生等术士对秦始皇的批判。不少人为焚书坑儒辩护，认为焚书是为了统一思想，且没有烧医学、卜筮、种树等书，可问题是统一思想就可以烧书和从肉身上消灭异己者吗？焚书坑儒是用极其残暴的方式解决思想文化问题，在中国历史上开了一个极其恶劣的先例。

二、汉初儒道之争

"焚书坑儒"还没过三年，陈胜、吴广起事，刘邦、项羽相争，七年后，天下归于汉。

1.马上得之，不能马上治之

刘邦来自社会底层，由平民而为天子。由于早年没有受过良好教育，其思想不属于任何家、任何派，也不限于一家一派，推翻暴秦，取而代之，打败西楚霸王项羽，独占天下是其追求的目标。在楚汉相争中，刘邦对儒生极尽羞辱之能事,郦其食因状貌类大儒,衣儒服,求见,刘邦不见,自报高阳酒徒,则延见之。他见到儒生,甚至将其帽子取下来,向帽子小便,尽显刘邦的流氓本色。

刘邦羞辱儒生,不是建立在对儒学深入了解基础上的羞辱,正是由于他对儒学没有了解,因而存有太多的成见。儒生陆贾时时在他面前谈论《诗》《书》,每一次谈论,他都听不进去,甚至还公然叫嚣:"乃公居马上而得之,安事《诗》《书》!"陆贾毫不含糊,立即反问他:"居马上得之,宁可以马上治之乎?"这一反问,对刘邦无疑是一当头棒喝!陆贾接着给他大讲逆取顺守、文武并用的国家长治久安之术,刘邦幡然醒悟,改变了逢儒必厌的态度。陆贾乘机向刘邦献上以儒治国的奏章,"每奏一篇,高帝未尝不称善,左右呼万岁"。(见《史记·郦生陆贾列传》)

公元前195年,刘邦由沛经孔子故里曲阜,转往长安。在曲阜以太牢之礼祭祀孔子,开创帝王祭孔之先河。这说明天下已定,刘邦由打天下的英雄转变为治天下的高手,自觉地实现了自我角色的转变。可惜,刘邦祭孔之后,仅仅活了6个月就死了。如果天假以年,罢黜百家、推明孔氏可能就不必等到汉武帝刘彻了,在刘邦手里就完成了。

2.汤武革命合法性之争

刘邦死后,汉惠帝上台,吕后秉政,萧何、曹参、陈平等辅国。萧何、曹参、陈平崇尚黄老道家,从而背离了刘邦崇儒文化政策。汉文帝、汉景帝时期,黄老道家的代表人物与儒家的人物同朝而治,但黄老道家所发挥的作用更大一些。由于统治者秉持清静无为、与民休息的政策,百姓从长期的战乱中得以喘息,国力得以恢复。不过,儒家与道家始终没有停止争夺意识形态主导权。

黄老思想的代表人物黄生在汉景帝面前，公开质疑儒家汤武革命的论断与评判。黄生认为，这说明商汤与周武王都不是受命于天，而是公开篡弑。辕固回应说，你说的不对。夏桀与商纣暴虐百姓，天下之人都归于商汤与周武王，商汤与周武王代表天下民心诛夏桀与商纣，由是不得已而自立为天子，天下民心就是天心，天心就是天命，天下民心归商汤与周武王，不是受命于天，又是什么？黄生辩解说，帽子虽然旧了，但一定戴在头上；鞋子虽然新，必然踏在脚下，为什么呢？这是上下名分确然不移的。桀、纣虽然无道，但是君上；商汤与周武王虽然圣明，但是臣下。天子有了过错，臣下不能正言以纠正他的错误，以保持天子的尊严，反而诛杀他们，取代他们而为天子，不是以下犯上的弑杀，又是什么？辕固说，依照你的说法，汉高祖刘邦诛灭暴秦，即天子之位，也不合理了？这时景帝坐不住了，说道："食肉不食马肝，不为不知味；言学者无言汤武受命，不为愚。"（《史记·儒林列传》）

众所周知，儒家一向高扬汤武革命的合理性以及其受命于天的合法性，认为汤武革命是顺天应人的义举，这种上下易位有其正当性与合理性。作为天下拥有最高权力的君主应当是全民表率，代表着人类的天理与良知。如果君不再是民众表率，不再是天理的体现者，而是成为天理与良知的践踏者，君不合乎君的标准，君就不再是君，起而推翻之，是合理的、正当的。

黄生将君臣关系类比于帽子和鞋子的关系，认为君上臣下是绝对的、天定的，具有无可置疑的先在性，臣有诤言以匡正君之过错的义务，但绝无以下犯上，甚至诛灭君上，取而代之的权力。黄生这一理论无疑是为汉代统治者的江山永固寻求理论支撑，有利于现实政权的稳定。然而，这一理论有一漏洞，即无法回答汉帝国政权来源的合法性。如果像黄老道家黄生所言,君上臣下如冠履不容倒置,那么请问,刘邦当初是什么? 面对这一理论难题,汉景帝非常聪明,别争论了。这一问题讨论下去,会烧香引出鬼来,将汉代统治者带入一个十分难堪的境地。

有的学者认为,道家崇尚自由,主张高扬人的个性发展,以此来说明庄周那样的道家可以,但庄周不是道家的全部。这位黄生对皇权的谄媚比任何儒家人物都有过之而无不及。相反,辕固在皇权面前还坚守了儒家汤武革命合理性的原则立场,秉持社会公正,显示出儒家人物气节。这场争论最后在汉景帝的干预下偃旗息鼓了,但这并不意味着意识形态主导权之争就此袖手,相反,进入了更加激烈的程度。

3.以身殉道:王臧与赵绾

汉景帝以吃肉不吃马肝,不为不知味,学者不讨论汤武革命,也不能说没有学问,回避了尖锐的理论难题。儒生辕固在与黄老道家的第一番较量中既捍卫了儒家的原则立场,也以刘邦取代秦二世的例子十分巧妙地"将了道家一军"。在这番较量中,儒家在理上胜,道家在势上赢。

辕固的故事并没有结束,接下来发生的事情,差点让他丢掉了性命。窦太后笃信道家,对《老子》一书情有独钟,她问辕固对《老子》一书的看法,辕固直言相告,这不过是普通的一家之言罢了,意思是说《老子》一书有何高明之处,如同诸子百家中的一家之语罢了,怎能与儒家的经书相比较呢! 窦太后听后勃然大怒,立即罚辕固去野猪圈里去刺野猪,让伶牙俐齿的辕固与长着长长牙齿的野猪一决高下,窦太后对他的羞辱可谓极矣。汉景帝知道辕固直言无罪,借给他一把十分锐利的刀。辕固有景帝支持,胆力大增,跳进野猪圈,手起处,野猪应声而倒,窦太后默然。

窦太后杀辕固不成，并不死心，觉得儒生在朝中，在皇帝的身边总会对黄老道家产生威胁，她终于找到机会，逼死了儒生王臧与赵绾。

王臧与赵绾都是鲁人，是治《诗》名家申培的学生。王臧是山东兰陵人，赵绾出生地方不详。王臧曾任景帝的太子太傅，即汉武帝的老师，升为郎中令。赵绾官拜御史大夫。两人在汉武帝及朝中大臣的支持下，以儒家为标准着手进行一系列的变革。赵绾甚至要求这些改革举措不要奏请窦太后。窦太后崇尚黄老，不喜儒术，竟把王臧、赵绾的举动视为汉文帝时期新垣平（新垣平因诈获罪，被诛三族）骗术的再现，王臧、赵绾以微过获罪，两人自杀于狱中。

王臧、赵绾死了，他们是为了儒学在汉代的复兴而死，可谓以身殉道。他们死得有意义有价值，他们以自己的鲜血与生命向世人昭示儒家知识分子不畏强权、不屈服于压力的刚烈人格，将光照千秋！儒学复兴正是在陆贾、贾谊、辕固、赵绾、王臧等一代又一代儒家人物的推动下，终于占居中国意识形态的主导地位，最终成为中国官方意识形态。

三、汉武帝：罢黜百家，表章六经

班固评价汉武帝："汉承百王之弊，高祖拨乱反正，文景务在养民，至于稽古礼文之事，犹多阙焉。孝武初立，卓然罢黜百家，表章《六经》。""兴太学，修郊祀，改正朔，定历数，协音律，作诗乐，建封禅，礼百神，绍周后，号令文章，焕焉可述。""而有三代之风。"（《汉书·武帝纪第六》）汉武帝在人们心目中的印象，主要是任用卫青、霍去病等为将，扫除北方匈奴之患，打通河西走廊，开辟疆土，但在班固的眼里，这些武功似乎可以忽略不计，武帝的历史贡献在文治。

1.罢黜百家,表章六经

从秦帝国建立,到汉武帝实际执政,中国历史经历近百年的风风雨雨,先秦时代的诸子蜂起、百家并作是与列国纷争、群雄并起的局面相适应的,而大一统的帝国迫切需要统一的思想和价值标准来规范国志民心,为此政治家们殚精竭虑地寻觅着。秦用法家,"以法为教""以吏为师"的法家理论在政治上贯彻到底,秦帝国的迅速覆灭,让汉初统治者意识到寡头的法家思想不足以安天下、实现江山永固的梦想。刘邦开始重视儒家,但好景不长,刘邦祀孔之后,仅过半年就去世了。自此以后,汉帝国开始走上崇尚黄老之术的道路,也开始了儒家与黄老道家争夺意识形态主导权的斗争。好黄老、不喜儒术的窦太后去世,汉武帝毅然接受董仲舒的建议,"推明孔氏,抑黜百家"。董仲舒建议汉武帝:

> 《春秋》大一统者,天地之常经,古今之通谊也。今师异道,人异论,百家殊方,指意不同,是以上亡以持一统;法制数变,下不知所守。臣愚以为诸不在六艺之科孔子之术者,皆绝其道,勿使并进。邪辟之说灭息,然后统纪可一而法度可明,民知所从矣。(《汉书·董仲舒传》)

这段话的意思是说,大一统是宇宙间的基本规律,也是历史发展的必然。而今天的局面是,不同老师传授着不同的主张,人们思想、主张各不相同,宗旨不明。作为国家领导人的皇帝没有一贯之规,治国的指导思想变来变去,下面的官员与百姓不知道应坚守什么原则。因而,不在六经之科,孔子之术的思想、学说都被排斥在官方思想之外,这样各种偏颇不正的理论才不会涌现。

在史家看来，汉高祖刘邦的意义是拨秦政之乱而回归于政治之常道，文帝、景帝重在发展经济、解决民生问题，因而他们都没有时间进行文化建设、思想建设，这就是"稽古礼文之事，犹多阙焉"。而汉武帝"兴太学，修郊祀，改正朔，定历数，协音律，作诗乐，建封禅，礼百神"，搞得有声有色。汉武帝顺应历史发展的潮流与趋向，完成他的前辈未竟之事，可谓"善继人之志，善述人之事者也"。

罢黜百家，推明孔氏也好，表章六经也罢，其根本意义不是独尊儒术，而是让中国文化回归"道术"。道术是什么？在《庄子·天下》篇的作者看来，春秋战国时代的百家之学只是"一家之言"的"方术"，而前诸子时代，以邹鲁之士（儒生）、缙绅先生多能明之的诗书礼乐才是道术，是中国文化的主干与正统。汉武帝以其雄才大略，既实现了中国文化向道术即道统的回归，实现了中国文化的再度整合，同时奠定了中国人之所以为中国人的基本价值标准、行为规范，确定了中国政治文化两千多年的主流，其影响及于经济、教育、艺术、体育、民俗等等。至今，我们的语言叫汉语，文字叫汉字，民族属性的百分之九十六称汉族，由此可见汉朝这次文化整合运动的影响力。

2.董仲舒与天人感应

董仲舒（前179—前104年），西汉思想家、政治家、教育家，治春秋学的今文经学大师，汉广川郡人。汉景帝时任春秋学博士，汉武帝元光元年（前134），武帝下诏举贤良文学之士，征求古今治国之道，有百余人应对。汉武帝与董仲舒三问三答，这就是董仲舒著名的《天人三策》。在《天人三策》中，董仲舒以"天人感应"为哲学基础，以《春秋》"大一统"为目标，提出了"诸不在六艺之科孔子之术者，皆绝其道，勿使并进"，即影响后世两千多年的"抑黜百家，推明孔氏"的主张。这一主张被武帝采纳后，儒学正式成为官方与民间共同认可的中国社会正统思想，影响中国二千年之久。董仲舒在汉代的学术发展、文化教育事业上亦多有建树，"仲舒遭汉承秦灭学之后，'六经'离析，下帷发愤，潜心大业，令后学者有所统一，为群儒首"。"立学校之官，州郡举茂材孝廉，皆自仲舒发之"。(《汉书·董仲舒传》)由此奠定了他作为西汉一代群儒领袖的地位。董仲舒的思想以儒家为主，杂采以墨家、阴阳家、法家、名家等学说，完成了汉代儒家理论的新发展，在中国思想史上占有重要地位。

他提出天人感应论。所谓天人感应就是人与大自然存在着相互感应的关系，人的行为会引起大自然的回应，大自然的回应就是天意，这种回应是让人明白自己的行为得失所在。人与天为什么会相互感应呢？因为"同类相应"，"同气相求"，天与人是同类，所以二者之间相互感应。在董仲舒看来，人是缩小了的天，天是扩大了的人。如天有昼夜，人有视瞑；天有春夏秋冬四时，人有喜怒哀乐之情；天有十二月，人有十二块大骨节；天有三百六十五天，人有三百六十五块小骨节等等，这叫作"人副天数"。"天有阴阳，人亦有阴阳。天地之阴气起，而人之阴气应之而起，人之阴气起，而天地之阴气亦宜应之而起，其道一也"。(《春秋繁露·同类相动》)人不做好事，不行仁义，就是违背了天意，天就出现灾异，对人进行谴责。如果天已经谴告，人还是不觉醒，就要加之以威。董仲舒的这套理论主要不是说给百姓听的，而是说给天子听的。

天人感应背后的秘密是屈君伸天论。

董仲舒借《春秋》而言大义，其实他的思想已不是先秦时期的儒家思想，而是为适应大一统帝国的需要创造的新思想系统。他以儒家学说为价值支撑，以阴阳五行学说为基础，综合墨家、法家、名家等学说，建立起与大一统帝国相适应的理论体系。

在董仲舒的政治设计中，天是最高的主宰，君权神授，即天子的权力来源于天。他说："天者，百神之君也，王者之所最尊也。"（《春秋繁露·郊义》）天是一切神的主宰，更是地上帝王崇拜的对象。"天子受命于天，天下受命于天子，一国则受命于君。"（《春秋繁露·为人者天》）君权神授，民权君授，是董仲舒的逻辑，由此他要求"以人随君，以君随天"，说得严重点就是"屈民而伸君，屈君而伸天"（《春秋繁露·玉杯》）。"屈"与"伸"是两种相反运动，"屈"是要收回来，"伸"则是要放出去，"屈民而伸君"就是要求民众的意愿服从天子的意愿，显然这是为大一统汉帝国服务的政治理论。

然而，在汉统一后，汉承秦制，天子对民众、对臣下已经拥有了绝对权力，谁来限制、制衡天子的权力？董仲舒想到了天。他认为，天子的权力不能滥用，天子的权力是神授的，或者说是天授的，天可以给予你，也可以拿得走，"以君随天"，也就是"屈君而伸天"。"屈君而伸天"是皇权绝对化后，用天的神权限制皇权的一种手段。他想依靠他制造的虚幻的天神来限制皇权，事实上也只能落空，没有几个皇帝真正相信天神。董仲舒说的"天不变，道亦不变"，皇帝们更愿相信的是他们的天命不变。

一个民族需要一个统一价值观来支撑起这个民族的共同信仰，大一统的帝国需要与之相应的思想意识形态。秦皇用法家，迅速覆灭。汉初用黄老，内有诸王作乱，外有匈奴犯境，汉武帝抑黜百家、推明孔氏，中国文化终于由"方术"归于"道术"，再度实现返本开新，建立起与大一统的汉帝国相适应的意识形态。汉武帝与儒生董仲舒共同上演的这场大戏，在中华文化发展史上所起到的作用怎么评价都不过分。

3.今文经学与古文经学之争

两汉是经学的时代,经学又分今文经学与古文经学。今文经是用汉初通行的文字书写的,古文经是用秦统一中国以前的文字书写的。

汉代秦而起,因秦始皇焚书,六经只有在儒生口耳传受之际以汉代通行的隶书体文字写成。文帝、景帝时,开始在西汉政府中设立博士官,申培、韩婴、辕固是诗学博士官,欧阳生是书学博士官,董仲舒和胡毋生是春秋学博士官。汉武帝建元五年春,采纳公孙弘建议:置诗、书、易、礼、春秋五经博士,又增设礼学博士官。这些博士官都是治今文经学的。

汉景帝时,鲁恭王刘馀要扩建自己的宫殿,破坏孔子旧宅,结果从孔子旧宅的墙壁中发现用秦以前的文字写的经传,如《尚书》《礼记》《论语》《孝经》;河间献王刘德,从民间得到不少先秦古文旧书,有《周官》《尚书》《仪礼》《礼记》等;汉宣帝时,河内女子发老屋,也得到逸《易》《礼》《书》各一篇,这些经书都是古文。西汉政府对古文经书,不设博士官,古文经只在民间传授讲习。西汉末年,治古文经的刘歆向今文经发起挑战,指责今文经为秦代焚书之余,残缺不全,请立古文经《毛诗》《左传》、逸《礼》于学官,遭到太常博士官们的群起反对,由此拉开中国今、古文经学之争的大幕。汉平帝时,立五个古文博士,以与今文经学对抗。东汉初年,汉光武帝刘秀即位后,力倡今文,废古文。东汉中叶以后,古文经学大师如贾逵、马融、许慎等,或位居高官,或招收门弟子几千人,势力极盛,古文经学大有碾压今文经学之势。东汉末年,郑玄以古为主,兼采今文,遍注群经,集经学之大成,于是郑学流行。然而,今、古文经学之争并没有停止,延及清代,今文经学再度兴起,刘逢禄、魏源、龚自珍、廖平、康有为等都是今文经学家,而俞樾、孙诒让、章太炎等为古文经学家,延续着今、古文经学之争。

今、古文经学之争不是文字书写之争,也不仅仅是篇目多少之争,也不完全是利益之争,而主要是学术方法、学术立场、价值取向之争。古文经学者注经重名物训诂,讲究实事求是,注重文献整理、史事的考订,而今文经学家注重微言大义,思想阐发;古文经学家视孔子为历史学家,为先师,今文经学家视孔子为"托古改制"的素王,为哲学家;古文经学就经传而言经传,为学术而学术,颇有学术独立之意味,而今文经学家以经术论政事,常常将学术与政事混在一起。"我注六经"是古文经学家,"六经注我"是今文经学家。

两汉经学发展到后来,流弊也显现出来,最大的流弊就是繁琐与荒诞。由于经学被立为官学,读书人趋之若鹜。经学有传、有注,考据训诂,微言大义,越来越支离,"幼童守一艺,白首后能言",许多经生皓首穷经。两汉经学有时又与"谶纬"相结合,走向神秘主义,沦为荒诞不经。"谶"是谶言,神灵预示人间吉凶祸福的预言。"纬"是相对于经而言的,纬书是对经的解释和补充。谶语像谜语一样,可以多向度解释,往往是事过之后,才让人觉得原来如此。如秦始皇晚年寄托于神仙方术,令方士徐福入海寻仙山,徐福献《图录》,有"亡秦者,胡也"之谶语,秦始皇以为这个"胡"是胡人,于是派大将蒙恬筑长城,防匈奴,结果秦二世灭亡,而秦二世名胡亥。西汉汉哀帝、汉平帝之际,社会矛盾错综复杂,各种政治势力蠢蠢欲动,谶语满天飞。由董仲舒的天人感应到西汉末年的政治谶语可谓一脉相传,经学到此,已经荒诞不经。所谓末世多谣言,谶语只是一种高级的谣言而已。

不过,经学在两汉的传授与讲习,造就了一大批知识分子精英。这些儒生文士"守古循志,案礼修义",以气节相砥砺,在东汉中后期汉桓帝、汉灵帝之际，构成了一股社会清流。东汉中后期，主荒政谬，宦官与外戚把持朝政，以李膺、张俭、陈蕃、郭泰等为代表的儒生名士不畏强权，议论朝政，裁量人物，激浊扬清，"撩虺蛇之头，践虎狼之尾"（《资治通鉴》卷五十六《汉纪四十八》），受到一次又一次的打压，这些打击就是有名的"党锢之祸"。这些儒生或遭杀戮，或被迫逃亡，给儒生身心造成了极大伤害。

由于经学繁琐与支离的特点，中国文化不能继续沿着这条路走下去了，需要由末返本，溯流追源。又因以经术论政治往往会遭到杀身之祸，所以既要能救经学繁琐之弊，又要能远离政治，明哲保身，魏晋玄学呼之欲出了。

第五章　玄学的兴起与佛教的流传

一、玄学的兴起

　　玄学，"玄"就是深奥的意思，玄学就是研究幽深玄远问题的学说。"玄"，在《老子》一书首章就出现："玄之又玄，众妙之门。"玄学，用今天的话说是一种哲学学说，进而言之，是形上学即纯哲学。它是魏晋时期出现，延及南北朝的一种以"三玄"（《老子》《庄子》和《周易》）为理论支撑，服务政治与人生需要的哲学思潮。

　　不少学者认为，玄学是对老庄哲学的新发展，又称新道家。事实上，玄学是对两汉经学的超越与反省，站在这个角度讲，玄学是援道入儒，而不是援儒入道。判别一个学派的归属的关键是看其价值趋向，玄学家们是用道家的理论、方法论证儒家名教的合法性，从这个意义上说，说它是新儒家也不是全无道理。王弼作为玄学标志性人物，"无"是其哲学最根本的观念，也是最高的人生境界。他认为孔子"体无"故而不言无，老子没有体无，故而言无，孔子的境界高于老子。

　　玄学的主要代表人物，魏晋时期有王弼、裴頠、欧阳建、何晏、山涛、阮籍、嵇康、向秀、郭象、王衍、张湛、韩伯、陶渊明、袁宏、庾亮、司马彪等等，南北朝时期有萧绎、戴顺、严植之、刘昭、陆瑜、程骏、邱晏、杜弼等等。玄学的理论创造主要在魏晋，而南北朝时期的玄学只是玄学之余波，在理论创造上已无新意。

有无之辨、言意之辨、名教与自然之辨是玄学内部的三大辩题，具体展开可以有本末、体用、一多、动静、迹与所以迹等等。有无之辨主要在王弼、裴頠之间展开，王弼"贵无"与裴頠"崇有"针锋相对，最后以郭象的"独化"理论对有无之辨进行批判性总结。王弼是位天才级的哲学家，在他短短二十四年的人生过程中，写下了《周易注》《周易略例》《老子注》《老子略例》《论语释疑》等著作，成为玄学的开山人物。如果天假以年，他可能就是中国思想史上的朱熹。

王弼通过注《老子》这部书来阐发对《老子》的理解，这些理解是顺应老子的理路而来，未必是他个人的思想本意。老子谈无说有，王弼自然不能回避。他顺应老子的理路，提出"以无为本"的哲学命题。他从本末、一多、动静等方面论证"天地万物皆以无为本"。王弼以五音即宫、商、角、徵、羽为例论说无声是有声之本：无声之时可以成为任何一个音，一旦表现为任何一个音就只能是这个音，是宫音就排斥其他四音，商、角、徵、羽无不如此，由此万物以无为本。裴頠反对王弼"以无为本"的观念，认为现实世界既是现象，也是本体，离开了现实世界就没有本体。"有"之所以发生并没有"有"之外的另一个东西使其发生，而是"有"自生。

玄学的本质问题不是有无问题，也不是言意问题，而是自然与名教问题即社会礼义规范与人的自然本性问题。所谓名教是指因名设教，即社会的人伦秩序与社会秩序，忠孝是名教之本。忠指向君臣关系，是社会的政治伦理。孝指向父子关系，是血缘伦理。自然是老子哲学的重要范畴，"人法地，地法天，天法道，道法自然"，自然是老子的最高境界。自然即自自然然，本来如此，一切未经人为加工、修饰、雕琢的原始本然状态就是自然,对物如此,对人也一样。"道法自然"是道自己效法自己,道即自然。当然,在王弼、嵇康、郭象等不同学者那里,"自然"的含义是不同的。

在名教与自然的关系上,何晏、王弼坚持"名教本于自然",阮籍、嵇康坚持"越名教而任自然",向秀、郭象坚持"名教即自然",由此可以看出魏晋人士对名教与自然关系之认识的演变,这一演变过程恰恰反映了人对内在自由的追求与外在道德规范之间的冲突与张力,由自然人性与道德的冲突通过痛苦地挣扎而走向统一的过程,由儒道冲突走向儒家统一的过程。

名教本于自然

王弼认为,名教根于人的淳朴诚正的天性,如果违背了人的淳朴诚正的天性,将名教作为手段加以宣扬,那么仁义道德就会成为欺世盗名的工具,不仅不能达到目的,反而适得其反。他说,如果敦厚朴实的仁德不彰显,而一味表彰人们美好的言行,那么人们就不关注美德本身,而一味追求外在的美好声誉,修习大道也会忘记大道本身而一心想着修习大道背后的利益。如果期望通过名誉与利益来劝勉人们的善言善行,那么名号越美好而背离人的真实性情就越远,利欲越重而争胜心就越强烈。父子兄弟之间,本来人伦亲情、相互关爱是出于真情,但因心怀名利之心去做孝子、去做悌弟,父子兄弟之间真情就没有了,假孝子、伪慈父就出现了,结果只能导致"患俗薄而名兴行、崇仁义,愈致斯伪"(《老子指略》),担心世俗的人情浅薄而以美名倡扬德行,崇尚仁义,从而导致虚仁假义的盛行。在王弼看来,这些都是末,而不是本,反归于本,即仁义礼法建立在人的真实性情上，即名教本于自然，才能杜绝巧伪虚诈。

竹林七贤与越名教而任自然

竹林七贤指嵇康、阮籍、山涛、向秀、刘伶、王戎、阮咸七人。这七人都生活在魏晋时期，因他们常在当时的山阳县竹林之下，清谈、喝酒、纵歌，肆意酣畅，世谓之"竹林七贤"。七贤是魏晋名士的典型代表，但七人的政治倾向并不一致，品行也有高下之分。七贤之中，以阮籍、嵇康为上品，而又以嵇康为优，向秀、刘伶、山涛为中品，王戎、阮咸为下品。

魏晋更替之际，无论是曹魏政权，还是司马氏政权，一方面干着不仁不义、不忠不孝之事，另一方面又打出名教口号治天下。孔融，作为孔子的后世子孙，竟以不孝罪见杀。名教成为统治者诛灭良善的口实，道德仁义异化为统治者束制人民的工具，"越名教而任自然"就是在这种背景下出现了，嵇康、阮籍等由厌恶统治集团而公然批判名教。"以六经为芜秽，以仁义为臭腐"（《难自然好学论》），开始"非汤武而薄周孔"（《与山巨源绝交书》），主张"越名教而任自然"（《释私论》）。"越名教而任自然"是王弼"名教本于自然"的反动，在王弼那里，他还致力调和名教与自然的冲突，而"越名教而任自然"将名教与自然对立起来，要求超越名教，纯任自然天性，名教已经被嵇康厌弃了。

竹林七贤将"越名教而任自然"贯彻到生活中去，可谓花样百出，既令人感慨，又让人感到好笑。阮籍，本性至孝，母亲死了，他正与人下围棋，对手不忍再下，请求停止，阮籍一定要让对方留下与他一决高下。既而饮酒二斗，举声一号，吐血数升。母亲临葬，食一蒸猪，饮二斗酒，然后与母亲诀别，举声一号，又吐血数升，毁瘠骨立，殆致灭性。"礼岂为我设哉！"阮籍不守外在礼法，却是至孝至情之人。他是真孝子，不是假孝子。对名教他是真维护，不是假名教之名而行求利之实。

阮籍的侄子阮咸，也学阮籍的放达任诞，狂荡不羁。他曾与出嫁的姑姑家的婢女私下要好，姑姑带着婢女回娘家，将返回时，阮咸一定要求婢女留下。婢女走了，阮咸强行把婢女追回来了，并与婢女生了一个儿子，为世所讥。有一次，他参加一个朋友的酒场，不用酒杯喝，直接用大盆盛酒喝酒，喝得醉醺醺的。有一群猪过来饮酒，阮咸就和猪一起喝酒。其放浪形骸，一点也不可爱。只是外在模仿阮籍，没有得阮籍之神韵。

竹林七贤还有一位特别人物，那就是刘伶。他极端厌恶司马氏集团的虚伪礼教，常嗜酒佯狂，任性放浪。一次有客来访，他裸体待客，客人斥责了他。他却说："我以天地为宅舍，以屋室为衣裤，你们为何入我裤中？"刘伶与酒有不解之缘，写有《酒德颂》一篇，时至今日他还成了酒的品牌与商标。

"越名教而任自然"固然是出于对虚伪名教的批判，然而"任自然"的结果却是放纵、恣肆，卧邻居少妇之侧，与猪共饮，追婢女，天然主义等。本来"越名教而任自然"意在反对虚伪、巧饰，回归人的真性情，超越名教而直追与道合一。然而，这种自然主义的人生已经完全走板跑调，在如此名士的示范下，年轻人争相效法，社会成何体统？全部的人文秩序将会陷入混乱，"越名教而任自然"最终演化为无名教而任放纵，名教与自然的关系依然没有解决。

名教即自然

名教与自然由冲突、对立再度走向理论的统一、协调是向秀、郭象的

《庄子注》。此书一出，玄学大畅，"儒墨之迹见鄙，道家之言遂盛焉"（《晋书·向秀传》）。在向秀、郭象看来，名教即自然，任名教就是任自然。他回到儒家，公然主张"夫仁义者，人之性也"（《庄子·天运注》）。"夫仁义自是人之情性，但当任之耳"。（《庄子·骈拇注》）仁义道德是名教，也是人之自然本性，在仁义之中就是任自然。万物虽各有差别，但各任其性，即是逍遥，即是自由，即是自然。大鹏直上九万里，斥鴳不过林间飞翔，大小有别，物各有性，即得逍遥。

"君臣上下""手足内外"都是出于"天理自然"，人人各安其所处，大小有殊，但逍遥一也。《世说新语·德行篇》记载乐广的话最能说明名教即自然的意义："名教中自有乐地，何为乃尔也？"郭象也说："夫圣人虽在庙堂之上，然其心无异于山林之中。"（《庄子·齐物注》）庙堂与山林，名教与自然，仁义与人性是融为一体的，没有矛盾，没有冲突，恪守礼法，尊重仁义道德是人的本性的展开，就是人的自然。

向秀、郭象是以儒释庄，让《庄子》为儒家的名教服务，让分裂的名教与自然重新走向统一。

二、佛教传入及中国化

1.佛教传入

佛教与基督教、伊斯兰教并称为世界三大宗教，是由古印度迦毗罗卫国（今尼泊尔南部提罗拉科特附近）净饭王的儿子释迦牟尼所创，其生卒年月已不可详考，大约与中国的孔子同时。在二十九岁时，他有感于人世间的生、老、病、死等种种烦恼，毅然放弃王族的生活，出家修行。释迦牟尼经过六年的苦修生活，在菩提树下开悟，三十五岁开始传教，弟子多达五百人,著名弟子有十人,八十岁时去世。

佛是觉的意思,觉就是悟,我们今天还有"觉悟"一词,佛的觉悟不是生活中的觉悟,而是对宇宙人生的彻底觉悟,佛是觉悟了宇宙"绝对真理"的人。佛教认为,人生就是苦海,生死病死、喜怒哀乐无不是苦,而苦是由人的"惑"和"业"造成的,惑就是人的贪、瞋、痴,业就是人的身、口、意等活动。以惑和业为因,造成了生生死死、轮回不息的果。这个果就是根据人的善行或恶行在轮回中受到的报应。要摆脱轮回之苦,需要皈依佛法,修佛行,顿悟宇宙人生真相,证悟不生不灭的涅槃境界。

佛学的根本问题是觉悟成佛的问题。真正的佛法只是让人觉悟,一切靠自修、自证,并没有保佑人的功能。

佛教何时传入中国,有种种传说。据《魏书·释老志》记载:"哀帝元寿元年,博士弟子秦景宪受大月氏王使伊存口授浮屠经。"哀帝即西汉哀帝,这说明在公元元年前后,佛教经籍就传入中原地区,但这时并没人信奉。东汉明帝夜梦金人,项有日光,飞行殿廷。他向群臣寻问梦到的是什么。有一位名叫傅毅的大臣告诉汉明帝,这是佛。汉明帝乃遣郎中蔡愔、博士弟子秦景等人出使天竺。他们于永平十年(67)于大月氏遇到沙门迦叶摩腾、竺法兰二人,得到佛像及经卷,东还洛阳,汉明帝为之建白马寺,译《四十二章经》。这是我国学术界公认的佛僧、佛寺、佛教传入中原之始。

佛教是什么?佛法讲什么?一开始中国人并不明白。人们一开始只是将它比附于道,比附于玄学,依道传佛,道家与玄学家们的"有""无""道""玄"之辨与佛教中的"空""色""般若"等思维层面有相近、相通之处,人们用玄学格义佛学,甚至有老子化胡之说。不过,西方高僧安世高、支谶、鸠摩罗什等接踵而来,中国和尚法显等西行,佛经译出渐多,中国寺庙渐具规模。道安、慧远、真谛、僧肇等高僧或来自西土,或产自中原本土,谈玄说妙,佛教大盛。南北朝竟有"六家七宗"之说,佛教开始了中国化的进程。

2.南朝四百八十寺

公元833年春,诗人杜牧由宣州经江宁而赴扬州途中,看到了江南的大好春景,凭吊历史古迹,抚今追昔,感慨万千,写下了千古传诵的《江南春》:"千里莺啼绿映红,水村山郭酒旗风。南朝四百八十寺,多少楼台烟雨中。"南朝指宋、齐、梁、陈,这期间究竟建了多少寺庙,晚唐诗人杜牧数过有四百八十寺,但诗人毕竟是诗人,不是科学家,也不是历史学家,即使是亲见,也未必是史实。

不过,千百年来,不少学者为"南朝四百八十寺"所吸引,想搞清楚南朝究竟有多少寺庙。晚清学者刘世珩著《南朝寺考》,沈曾植为该书所作《序》中,对南朝寺庙作过一个统计,东晋一朝,不过存留一百余年,立寺有一千七百六十八所。自宋到梁,寺院不断增加,"梁世合寺二千八百四十六,而都下(南京)乃有七百余寺"。由梁到陈,虽有耗减,但也超过千寺。这是南朝。再看北朝,《魏书·释老志》:"自兴光至此(太和),京城内寺新旧且百所,僧尼二千余人,四方诸寺六千四百七十八,僧尼七万七千二百五十八人。""至延昌中,天下州郡僧尼寺,积有一万三千七百二十七所。""正光以后,……略而计之,僧尼大众二百万矣,其寺三万有余。"这是南北朝时代的中国,可谓寺庙满乡野,佛号声声!

南北朝时期佛学大盛,尤其是梁武帝萧衍尤为媚佛,晚年事佛甚笃。萧衍早期为一代英主,文韬武略,励精图治,"少而笃学,洞达儒玄"。即使是日理万机、事务繁多之时，仍是手不释卷，燃烛点灯，每每熬至五更。梁武帝"造《制旨孝经义》，《周易讲疏》，及六十四卦、二《系》、《文言》、《序卦》等义，《乐社义》，《毛诗答问》，《春秋答问》，《尚书大义》，《中庸讲疏》，《孔子正言》，《老子讲疏》，凡二百余卷，并正先儒之迷，开古圣之旨"。"修饰国学，增广生员，立五馆，置《五经》博士"。"兴文学，修郊祀，治五礼，定六律"，"南超万里，西拓五千"。(《梁书·武帝本纪》)何等辉煌！然而晚年媚佛，笃信佛典，大兴佛寺，甚至多次走进同泰寺，升法座，讲佛经。梁武帝最后索性皇帝不当了，舍身同泰寺，去当和尚，王公贵族捐大量钱再将他赎回。上行下效，有梁一代，王公贵族、卿士大夫、文人学士，佛风大畅。梁朝兴于武帝，也亡于武帝，从文化角度看，梁武帝信奉儒学时候，是个正常人，当他佞佛之后，他完全不在正常状态，梁之衰败，不亦宜乎！

3.一苇渡江

佛教传入中国，是一个不断适应中国本土文化，吸收中国文化，建立适合中国信众需要的新教派的过程，也是佛教中国化的过程。魏晋南北朝时代，"六家七宗"就尝试着开创中国式的佛教派别。降至隋唐，出现了天台宗、华严宗、唯识宗、净土宗、禅宗等佛教宗派，产生了智颢、玄奘、法藏、惠能等佛学理论造诣极深，对佛学有创造性发展的大师，"一念三千""三谛圆融""法界缘起"等等都是中土僧人对佛教理论的新阐释、新发展。当然，典型意义上的中国佛教首推禅宗。

"禅"这一观念起源于印度，原意指静虑，心注一境，正思审虑，以达定慧等心理状态。禅宗传承"以心传心""教外别传"，他们的始祖可以追溯到迦叶。相传释迦牟尼在灵山法会上拈花示众，众皆默然，唯迦叶尊者破颜微笑。佛祖说:"吾有正法眼藏,涅槃妙心,实相无相,微妙法门,不立文字,教外别传,付嘱摩诃迦叶。"(《五灯会元·七佛·释迦牟尼佛》)释迦牟尼认为,他传给迦叶的正是不可以用任何语言描述,不可以用任何行为展示的妙法,是正法眼藏。不过,这个说法虽然非常流行,有无其实,却是争论不已。相信这是信史的人认为,摩诃迦叶是禅的始祖,到菩提达摩是二十八代,这是所谓西天二十八传。

达摩在西天传承是第二十八代,但在中国禅宗的传承是始祖。相传达摩是南印度香至国王的儿子,晚年到中国传法,由广州登陆,直到梁都建业(今南京)。梁武帝萧衍笃信佛法,对达摩也非常礼敬。但由于二人对佛法的理解不同,梁武帝对这位年老身衰、行为古怪的僧人没有好感,达摩也觉得在梁无趣,于是渡过长江,到北方去传法。

相传,达摩要渡江,又找不着船,于是在江岸折了一根芦苇,立在苇上,飘然渡过长江。这可能是他的信徒对他的神化,这多少有点类似于耶稣立在红海岸边,船里已经不能再容人了,于是他在水上飞过红海一样,是出于对教主神化的需要。在中国传统词语中,"一苇"不是一根芦苇,而是一大束芦苇。《国风·卫风·河广》有:"谁谓河广? 一苇杭之。谁谓宋远? 跂予望之。"意思是说,谁说河水宽又广? 一只芦苇筏就能渡过。一苇不是一根芦苇,而是一束芦苇,即用一束芦苇扎成扁舟,浮水之上,人立其上,飘然而过,亦足以令人称奇。这样解释"一苇渡江",比较合乎常理。

相传达摩来到嵩山,面壁九年,法不轻传,慧可立雪断臂,志求佛法,得达摩所传心印,为中国禅宗二世祖。慧可传僧璨,僧璨传道信,道信传弘忍、法融,弘忍传神秀、惠能。至惠能,中国禅宗真正完成自我革命。

4.仁者心动

唐高宗仪凤元年(676)正月初八,广东南海法性寺内,一阵疾风吹过,幡动不已。一个和尚说是幡动,另一个和尚说是风动,争论不已。忽然冒出一个人非常谦虚地说:我这个平凡之人可以参与你们的讨论吗?依我看,不是风动,也不是幡动,而是仁者心动! 这番争论被法性寺主持印宗听到,大为震惊,立即请这个人到自己的室内讲"仁者心动"的道理。印宗知道了这个人的来历后,大为感叹,当下拜他为师,并说此人是肉身菩萨。这个人就是六祖惠能。

惠能俗姓卢,父亲原在河北范阳(今北京附近的涿县)做官,后来被贬,流放到新州(今广东新兴县),惠能出生在广东。幼年时父亲就去世了,母子移居南海,长大后以卖柴维持生活。有一天,惠能卖柴时,听人诵读经卷,当下有悟,问人这是什么经,告之是从湖北黄梅弘忍法师听来的《金刚经》。惠能安顿下母亲,决心求法。经几番周折,决定亲自去黄梅参礼弘忍。

弘忍问惠能:"你是哪里人,来这里礼拜我? 你向我这里寻求什么呢? "惠能回答说:"弟子是岭南人,新州百姓,今故远来礼拜和尚。不求余物,唯求作佛。"弘忍听罢,责备惠能说:"你一个岭南人,又是獦獠,也配作佛! "惠能说:"人即有南北,佛性即无南北;獦獠身与和尚不同,佛性有何差别! "弘忍听罢,觉得此人甚有慧根,暂先遣惠能参加劳作。惠能在碓房,踏碓八个多月。(见《坛经·行由品》)

一日弘忍集合门人,要大家作一首偈,观察下弟子们的慧根深浅,以选传法之人。神秀,东山寺教授僧,在弘忍门下威望最高,大家都希望他能作偈,成为弘忍的接班人。神秀作一偈,写在廊下的壁上:"身是菩提树,心如明镜台,时时勤拂拭,勿使惹尘埃。"惠能听说此偈,以为没有见性,也作了一偈,请人写在壁上:"菩提本无树,明镜亦非台,本来无一物,何处惹尘埃!"弘忍见了两偈,发现惠能的见解究竟高于神秀,便在夜间唤他进房,为他讲《金刚经》,并将法衣传给他,为六世祖。弘忍担心惠能的安危,连夜送他去九江,回岭南。这就有了我们开头讲的"仁者心动"那一幕。

神秀是渐教,对身这个菩提树,心这个明镜台,要进行打理,进行修炼,才能不沾染世俗之尘埃。惠能是顿教,认为将身作为菩提树是执着于有身,将心视为明镜台是执着于有心,破除我执,就"本来无一物,何处惹尘埃"。神秀在修行路上步步踏实,拾阶而进,有法可依,而惠能让人一下登天无梯,入地无门,依靠全无,只有依赖自己。神秀开出了禅宗的北宗,一度势力大盛。惠能开出了禅宗的南宗,后来居上,对北宗取得了压倒性胜利。禅宗,尤其是中国禅宗与惠能的名字紧紧相连,惠能成为中国禅学史上革命性的人物。

惠能的禅学思想主要如下:

(1)凡夫即佛。惠能认为,人人皆有佛性,人可以分南北,佛性不分南北,这就为人人可以成佛提供了客观保证。在惠能看来,佛与众生只是迷觉之分,前念迷即是凡夫,后念觉即是佛。他说:"凡夫即佛,烦恼即菩提。前念迷即凡夫,后念悟即佛。前念着境即烦恼,后念离境即菩提。"(《坛经·般若品》)前念迷佛即众生,后念悟众生即佛,凡夫即普通人与佛的区别只在迷与觉而已。

(2)在修行方法上,惠能主张"无念""无相""无住"。

人人都有佛性,然而并不是所有人都能"见性",迷与觉的要害在于能否"明心见性"。"明心"就是明了世界上一切法皆由心生,皆自心出;"见性"就是自己发现自己本来就具有佛性,而明心见性就可以顿悟成佛。

如何做到明心见性？惠能认为要以无念为宗。他说："我此法门，从上以来，先立无念为宗，无相为体，无住为本。无相者，于相而离相；无念者，于念而无念；无住者，人之本性。"（《坛经·定慧品》）"无念"不是真的没有念想，而是"念而无念"，念想时不让念想影响我明心见性。"于相而离相"是说在与外境接触时虽然知外物有相，而我保持内心的虚空寂静而不执着于相。"无住"就是不执着。"无念""无相""无住"，不是说世界上什么都不念想，不存在，而是它存在，我身于尘世之中却无染无污，来去自由，毫无滞碍。在生活中不以生活累其心，生活而不执着于生活，这才是禅宗的妙境。

惠能是禅宗的大革命家，由他开启了禅学的新时代，创建了中国所独有而印度无法有的佛学宗派。"不立文字"，四无傍依，独立天地间，每一个人都是真实自己。"佛向性中作，莫向心外求"。佛迷也是凡夫，凡夫觉即是佛。在禅宗那里，没有权威，佛性自具圆满，没有饶舌的理论说教，任何言说都落于第二义，明心见性即是佛，坐禅修佛如磨砖成镜，永无可能。搬柴运米，无非妙道。行走坐卧，恒在定中。生活中处处是禅，时时是禅，生活即禅，禅即生活。"在这里，教与俗、彼岸与此岸的界限已相当模糊。教与俗、彼岸与此岸的界限一旦消失，宗教便不再神圣、崇高、庄严。这样就大大增强了佛教的民间化、大众化，形成了信众如潮的格局。就此而论，惠能（编者按：原书作慧能）的禅学改革，既扩大了佛学的影响，也预告了经院佛学的终结。"①我们认同这一观点。

---

① 李振纲：《中国古代哲学史论》，北京：中国社会科学出版社，2004年，第191页。

第六章　道教兴起及三教会通

一、道家与道教

　　道家是道家,道教是道教,虽说道家理论为道教所利用并作为自己的理论支撑,但道家是思想流派、思想学说,道教是僧侣团体、宗教信仰,二者不是一回事。

　　道家是春秋战国时期百家争鸣中的一家,是重要的思想学派。学术界一般认为老子是道家学说的开创者,他所著的《老子》是最经典的道家思想,或者说是道家的原型。后世虽然老庄并称,但庄周比较复杂,方以智、章太炎、郭沫若、童书业、钟泰等许多学者认为庄周源于颜氏之儒,甚至认为庄子是儒家。列御寇、杨朱等人是战国时代的道家的代表。战国时代,齐国的道家学者将老子学说与法家思想相结合,推崇黄帝与老子,形成了黄老道家。黄老道家在汉初一度与儒家分庭抗礼并为执政者所尊信。汉武帝罢黜百家,推明孔氏之后,黄老道家走向民间,开始了宗教化酝酿、发酵过程。

　　道家与道教也有共同点:其一,它们都视道为最高范畴。其二,它们都推崇老子。在道家学派中,老子是博大真人。在道教系统里,老子是"元始天尊",是"太上老君"。其三,道家"重生""贵己",甚至拔一毛利天下而不为,道教养生保真,是对道家贵己、重生的一种表达。道家与道教的最大不同在于,道家从老子、列子到杨朱、黄老道家等等,都是自然主义者,不相信鬼神存在。而道教作为一种宗教信仰,有神仙崇拜,有教徒组织,有宗教仪式、仪规与活动,追求长生不老,修道成仙,有教派传承及派别分化,这些是道家所没有的。

道教是在道家思想理论的基础上,通过印度佛教刺激,吸收神仙方术、民间鬼神崇拜观念以及巫术活动而形成的中国土生土长的宗教信仰。历史上,人们常称儒、道、释三教,总体上说,道教的影响最小,有时又佛老并称。

二、道教兴起

道教由萌生到形成严密的宗教组织经过了长期的过程,并不是有人心血来潮,一蹴而就。正如牟钟鉴先生指出的:道教的"创教活动分散而缓慢,早期教派并非经由同一途径、在同一地区和同一时期形成的,并且很长时间内没有一个统一的稳定的教团组织,因而中国道教史的上限极不易认定"。"大致可以把《太平经》《周易参同契》《老子想尔注》三书看成道教信仰与道教理论形成的标志,把太平道和五斗米道看成道教活动和道教实体出现的标志"。①我们认为,这个说法是合乎历史事实的。

1.黄巾起义与太平道

大家都看过《三国演义》,开篇即"宴桃园豪杰三结义,斩黄巾英雄首立功",写的是刘备、关羽、张飞三兄弟参与镇压黄巾起义的事情。

---

① 任继愈主编:《中国道教史》,上海:上海人民出版社,1990年,第7页、第8页。

钜鹿郡有兄弟三人,一名张角,一名张宝,一名张梁。那张角本是个不第秀才,因入山采药,遇一老人,碧眼童颜,手执藜杖,唤角至一洞中,以天书三卷授之,曰:"此名《太平要术》,汝得之,当代天宣化,普救世人。若萌异心,必获恶报。"角拜问姓名,老人曰:"吾乃南华老仙也。"言讫,化阵清风而去。角得此书,晓夜攻习,能呼风唤雨,号为"太平道人"。中平元年正月内,疫气流行。张角散施符水,为人治病,自称"大贤良师"。角有徒弟五百余人,云游四方,皆能书符念咒。次后徒众日多,角乃立三十六方,大方万余人,小方六七千,各立渠帅,称为将军。讹言:"苍天已死,黄天当立",又云:"岁在甲子,天下大吉",令人各以白土,书"甲子"二字于家中大门上。青、幽、徐、冀、荆、扬、兖、豫八州之人,家家侍奉大贤良师张角名字。角遣其党马元义暗赍金帛,结交中常侍封谞,以为内应。角与二弟商议曰:"至难得者民心也。今民心已顺,若不乘势取天下,诚为可惜。"遂一面私造黄旗,约期举事,一面使弟子唐周驰书报封谞。唐周乃径赴省中告变。帝召大将军何进,调兵擒马元义,斩之。次收封谞等一干人,下狱。张角闻知事露,星夜举兵,自称"天公将军",张宝称"地公将军",张梁称"人公将军",申言于众曰:"今汉运将终,大圣人出,汝等皆宜顺天从正,以乐太平。"四方百姓裹黄巾从张角反者四五十万,声势浩大,官军望风而靡。何进一面奏帝火速降诏,令各处备御、讨贼立功,一面遣中郎将卢植、皇甫嵩、朱儁各引精兵分三路讨之。

刘备、关羽、张飞等如何加入和参与镇压黄巾军不是我们讨论的问题,我们这里要讨论太平道。《三国演义》的描写有历史的影子。"不弟秀才"是失意读书人的代称,张角、张宝、张梁在历史上确有其人,《太平要术》就是琅邪(今山东临沂)宫崇所献其师干吉(又作于吉)所得的《太平清领书》,后又称为《太平经》。张角自称"太平道人",事实上,张角就是太平道的教主。《后汉书·皇甫嵩传》载：

　　初，钜鹿张角自称"大贤良师"，奉事黄老道，蓄养弟子，跪拜首过，符水咒说以疗病，病者颇愈，百姓信向之。角因遣弟子八人使于四方，以善道教化天下，转相诳惑。十余年间，众徒数十万，连结郡国，自青、徐、幽、冀、荆、扬、兖、豫八州之人，莫不毕应。遂置三十六方。方犹将军号也。大方万余人，小方六七千，各立渠帅。讹言"苍天已死，黄天当立。岁在甲子，天下大吉"。以白土书京城寺门及州郡官府，皆作"甲子"字。中平元年，大方马元义等先收荆、扬数万人，期会发于邺。元义数往来京师，以中常侍封谞、徐奉等为内应，约以三月五日内外俱起。未及作乱，而张角弟子济南唐周上书告之，于是车裂元义于洛阳。灵帝以周章下三公、司隶，使钩盾令周斌将三府掾属，案验宫省直卫及百姓有事角道者，诛杀千余人，推考冀州，逐捕角等。角等知事已露，晨夜驰敕诸方，一时俱起。皆着黄巾为标帜，时人谓之"黄巾"，亦名为"蛾贼"。杀人以祠天。角称"天公将军"，角弟宝称"地公将军"，宝弟梁称"人公将军"。所在燔烧官府，劫略聚邑，州郡失据，长吏多逃亡。旬日之间，天下响应，京师震动。

　　张角奉事黄老道，蓄养弟子，意在创立太平道教，他就是太平道教的首位教主，这个教主自称"大贤良师"。为争取信众，他以治病为由，教病人叩头思过，因以符水饮之，病愈就说这个人信道，不愈就说这个人信道不笃。太平道信奉黄、老，似乎是汉武帝罢黜百家后，黄老道家失去官方舞台而走向民间的变种。用跪拜思过、施以符水治病这种简单、廉价的方式争取群众，十余年间，信众达数十万人，遍及青、徐、幽、冀、荆、扬、兖、豫等州，设三十六方统之。大方万余人，小方也有六、七千人。公元184年（甲子年），张角号称"苍天已死，黄天当立。岁在甲子，天下大吉"，号召信众，发动起义。"苍天"是指东汉王朝，"黄天"指的就是太平道，意思是说，东汉王朝气数已尽，大圣人出现了，太平道的世界当代汉而立，历史的转折就在甲子年，天下人都会共享太平，以至"旬日之间，天下响应，京师震动"。

黄巾军起义后，太平道教主张角就由宗教导师转变为军事统帅、政治领袖，这让"天下响应，京师震动"，最终有四、五十万信众参与的政治运动被统治者无情地镇压下去，从此太平道只有余灰未尽，已经很难死灰复燃了。《三国志·孙策传》注引《江表传》："时有道士琅邪于吉，先寓居东方，往来吴会，立精舍，烧香读道书，制作符水以治病，吴会人多事之。"孙策以之为黄巾余党，妖道惑众而杀之，太平道走进历史了。

太平道走进了历史，但《太平经》存活下来，成为道教的重要典籍。有的学者否认《太平经》是太平道的指导思想，理由并不充足。道家、黄老道家、太平道是不同的，而且老子的道家、庄周（如果承认庄周是道家的话）的道家、杨朱的道家、列御寇的道家、黄老道家等相去甚远，在汉景帝面前与辕固争论汤武的革命是否合理的黄老道家人物黄生何止是"忠"，简直是"愚忠"的典型。当黄老道家失意于朝堂，而走向民间底层社会成为太平道的时候，势力弱小时强调忠孝，一旦势大力强，想取汉而代之，就是情理之中了。

2. 五斗米道

《三国志·张鲁传》注引《典略》说，东汉"熹平中，妖贼大起"，"光和中，东方有张角，汉中有张修"。究竟是谁创立了五斗米道，道教的传统说法与学术界的学说有异，依道教传统，五斗米道是由张陵创立，张陵传子张衡，张衡传子张鲁，这一说法更多是为了维系天师道天师血缘传道的权威，未必合乎历史事实，学术界多不采信。学术界大多认为，五斗米道的真正创始人是张修。

张修的五斗米道，其法术与张角的太平道大体相同。张修五斗米道的修行方式所留存的记载比太平道为详。第一，在他的道场有个密室，让病人处在密室中反省自己的错误来治病。第二，教主为病人祈祷，祷请之前，写好病人的姓名，说明服罪之意。将宗教活动与解决疾病联系起来，这与太平道相通。病人家出五斗米，教主号五斗米师。第三，以《老子》作为信众的基本读物，实现了道教理论与道家理论的正式结合。虽然未必真能治病，但"小人昏愚，竟共事之"。

张角起义，张修也在汉中与巴郡一带从事武装斗争，以反抗东汉王朝。张角被诛，张修亦亡。张修是怎样死的呢？有不同的说法。一种可信的说法是，张修曾一度被益州牧刘焉招降，被封为别部司马。后与张鲁一起奉命去攻打汉中太守苏固，途中为张鲁所杀，其部众和五斗米道均被张鲁所夺。张鲁之所以敢杀张修，很可能是受刘焉幕后支持。刘焉有前任益州牧郄俭为黄巾军所杀的前车之鉴，有可能怀疑张修会率众配合黄巾军行动，于是假张鲁之手杀掉张修。

张修死后，张鲁"据汉中，以鬼道教民，自号'师君'"（《三国志·张鲁传》）。五斗米道进入张鲁时代。张鲁对五斗米道进行改革，首先，他集行政权与宗教权于一身，"自号师君"，"师"即宗教领袖、教主，"君"即政治领袖，在汉、巴地区做自己的王国之梦。其次，他借助五斗米教的势力推行教化，"教以诚信不欺诈，有病自首其过，大都与黄巾相似"。（《三国志·张鲁传》）去鄙俗，淳风气。再次，他教使信众作义舍，以米肉置其中，"行路者量腹取足"（《三国志·张鲁传》），"依月令，春夏禁杀；又禁酒"（《三国志·张鲁传》注引《典略》）。张鲁后来投降曹操，拜镇南将军，封阆中侯，邑万户。

张鲁降曹，封官加爵，五斗米道的骨干成员也得到封赏。曹魏时期五斗米道与统治者保持良好关系，五斗米道传入中原地区。五斗米道又称天师道、鬼道。降曹后第二年，张鲁死了，五斗米道陷入群龙无首的状态。不过，在五斗米道祭酒（小集团领袖）、鬼卒（信众）的努力下，五斗米道走出汉中、巴蜀，在黄河两岸、大江南北传播。

南北朝时，北朝有寇谦之，南朝有陆修静对天师道进行了改革。

三、南北天师道

1.寇谦之与北天师道

寇谦之，字辅真，冯翊万年（今陕西临潼）人，生长在一个官宦家庭，父寇修之，官至前秦苻坚时的东莱太守。关中地区有天师道活动，寇谦之"早好仙道，有绝俗之心。少修张鲁之术，服食饵药，历年无效"（《魏书·释老志》），后遇胶东方士号称"游遁大儒"的成公兴，在他的点化下，先赴华山，后至嵩山，隐居石室，采药服食，一意学道。

寇谦之目睹天师道的种种流弊，决心进行改革。旧天师道主要的弊端有：其一，祭酒道官的世袭制度，一些不肖子孙继位后，倒行逆施，错乱道法；其二，向信众收租米钱税制度，导致不法之徒借此揽财；其三，滥授房中术，助长淫风，有辱道名。他废除祭酒道官父死子继的世袭制度，设立祭酒道官贤明是举的选拔制度，废除入道费用、治病求酬等租米钱税，规定"从今以后，……唯听民户岁输纸三十张，笔一管，墨一挺，以供治表救度之功"(《老君音诵诫经》)。他反对滥传房中术和服食仙方，主张长生成仙的关键在遵守修道戒律，斋功礼拜。他还十分重视道教斋醮仪范，亲手增订了斋醮仪式，为后世道教斋仪奠定了基础。寇谦之改造后的天师道，后世称为"新天师道"，又称"北天师道"。

2.陆修静与南天师道

陆修静(406—477年)，字元德，吴兴东迁(今浙江吴兴东)人。他少宗儒学，笃好坟籍，穷究象纬。虽早涉婚宦，但不满于儒家的世俗生活，乃出家修道，遍游四方，历云梦山、衡山、罗浮山、峨眉山等名山。后至庐山，构筑精庐居处修道。他以庐山太虚观为基地，传道授徒长达七年之久，声名远播。太始三年，奉宋明帝诏入京师，住崇虚馆。在此后十多年里，他整理道教典籍，编纂了第一部道教经书总目《三洞经书目录》，对道教经籍的分类整理作出了重大贡献。去世后，诏赐谥为"简寂先生"。宋徽宗信奉道教，封他为"丹元真人"。他的再传弟子陶弘景有"山中宰相，道门学者"之称。

陆修静是天师道道士，自称"三洞弟子"。他所处的东晋到刘宋时期正是天师道祭酒制度不断衰落和道官制度渐渐兴起的时期。祭酒制度为早期五斗米道之旧制，自张鲁以来，即官师一体，政教合一。东晋以来，一些道官争先竞胜，更相高下，纵横颠倒，乱杂互起，不顺教令，越科破禁，轻道贱法，由是陆修静认识到这种制度已远远不能适应刘宋时代的要求，更不能应对佛教的挑战。他要求禁止道官自行署职，实行按功德高低，拾阶而进的晋升制度。普通民众须有功德，才能受箓为道民；道民受箓之后，有功者才能升迁；选择道官，实行"勿以人负官,勿以官负人"的组织原则。他主张健全和完善"三会日"制度,即正月初七为上会,七月初七是中会,十月初五为下会,每年逢这三日,道徒各投集本治师,报家庭人口,将死去的人划去,新生人口登记,以便管理。逢会期间师民都应清静肃然,不得饮酒食肉,喧哗言笑。

他对斋仪在道教中的作用给予充分重视,认为斋醮是求道之本,复以礼拜,课以诵经,即能洗心净行,心行精至,避免身之恶行、口之恶言、心之贪欲嗔恚。在总结前代斋仪的基础上,他制定了较为完备的斋醮体系。

陆修静少学儒术,后笃信天师道,又长期浸润在佛教氛围浓厚的南朝,他对儒、佛也有同情的理解,力图吸收儒、佛,以革新天师道。他改革后的天师道,成为南天师道的正宗,在道教发展史上,与寇谦之的北天师道分庭抗礼。

唐宋以后,南北天师道与上清派、灵宝派等逐渐合流,元成宗大德八年(1304),封张陵第三十八代孙张与材为"正一教主"。由五斗米道、天师道到正一教,名虽不同,而其源流皆可上溯到东汉末年张修创立的五斗米道。

正一教与全真教是宋元以来道教最大的两个教派。正一教奉张天师为教主,是一切符箓派的总称。符箓派以画符念咒、驱妖降鬼、祈福禳灾等为主要特征。正一教与全真教最明显的区别是正一教的道士可以结婚,而全真教禁止道士结婚。

四、全真教与三教合流

全真教亦称全真道、全真派,是元代以后与正一道并驾齐驱的道教两大派别之一。全真教的创始人是王重阳,其弟子马钰、谭处端、刘处玄、郝大通、孙不二、王处一、邱处机等七人号称"全真七子"。王重阳死后,全真七子各自创教,经数十年之努力,使全真教走向全国。

1. "活死人墓"与王重阳创教

金庸的武侠小说《神雕侠侣》由于被拍成电视剧,杨过与小龙女可谓家喻户晓。在小说或影视作品里,小龙女与李莫愁都属于古墓派。其实,这个古墓派根本不存在,而全真教创教人王重阳建造"活死人墓"在历史上确有其事。

王重阳(1112—1170年),始名中孚,字允卿,入道后改名嚞,字知明,号重阳子,生于陕西咸阳大魏村,后迁终南县刘蒋村。金天眷元年(1138),应武举,中甲科,后深感"天遣文武之进两无成",愤然辞职,弃家外游,自称在甘河镇酒肆中遇异人授以内炼真诀,悟全真道大道,自称"四旬八上始遭逢,口诀传来便有功"(《王重阳集·附录一》)。他在南时村挖穴墓,取名"活死人墓",自居其中。这是《神雕侠侣》中古墓派的影子。穴居期间,他一方面潜心修持,一方面又佯狂装疯,自号"王害风"。金大定七年(1167),他东出潼关,前往山东半岛布教,树起"全真"旗帜,先后收马钰、孙不二、谭处端、刘处玄、邱处机、郝大通、王处一为弟子,建立全真教团。1169年,王重阳携弟子马钰、谭处端、刘处玄、邱处机四大弟子返归关中,死于开封途中。

王重阳死后,马钰掌教,七大弟子分别在陕、冀、鲁、豫修炼、传教。马钰掌教,"以无为主","无为"就是重视个人修炼,而不是积极向外宣传、吸引信众。马钰死后,刘处玄掌教,其教旨"无为有为相伴",开始内外兼修,内炼真功,外争信众。刘处玄死后,邱处机掌教,其教旨"有为十之九,无为虽有其一,犹存而勿用焉"(《清和真人北游语录·卷二》)。邱处机看到时机一到,抓住机遇,实行积极的弘教政策,全真教在中国北方迅速打开局面。全真七子大都接受过良好教育,饱读诗书,他们对时局的观察洞若观火,非常明白何时该干什么,不该干什么。马钰掌教,女真统治者对民间宗教采取防范政策,"无为"不是无所作为,而是炼好内功,积累力量,等待时机;刘处玄掌教,时机也没有完全成熟,只是试探性弘道传教;邱处机掌教,全真教发扬光大的时机已经到来,邱处机号召信徒"立观度人",经过一个时期的经营,"东尽海,南薄汉淮,西北历广漠,虽十庐之聚,必有香火一席之奉"。(《清虚宫重显子返真碑铭》)全真教的宫观、弟子遍布于河北、河南、山东、山西、陕西、甘肃等广大地区,可谓"声焰隆盛,鼓动海岳"。

王重阳创立全真教,不崇尚书符章醮、丹鼎炉火、神仙方术,与崇尚符箓的正一派道教有所不同。符箓派道士往往过于追求书符章醮、降妖捉鬼而忽略了自己的修行,重视炉火烧结而忽略了内在心性。王重阳立教之初,鼓励全真道士不蓄妻室,出家住庵。清修苦行是全真教的重要特色,王重阳的七大弟子都崇尚苦行。马钰修道日乞一食,誓死赤足,夏不饮水,冬不向火。王处一曾于沙石中跪而不起,其膝磨烂至骨,山中多砺石荆棘,他赤脚往来于其中,世号"铁脚云"。邱处机入磻溪穴居,日乞一食,行携一蓑,昼夜不睡,长达六年等等。正是这些超出常人的苦行,让广大低下层民众对全真教刮目相看,树立了道教在人们心目中的清新之风。

在全真教看来,长生不死不是肉身不死,成仙不是肉体成仙,而是"真阳"不死与"真性"不灭,这种成仙说比传统道教的肉体成仙更为可信。全真教认为,相信肉体不死,永离凡世是大愚,是极端不通之论。"惟一灵是真,肉身四大是假"(《重阳真人金关玉锁诀》),肉身可死,而阳神不死,真性永存,因而全真教主张性命双修,澄心遣欲,明心见性,达到识道、悟道之目标。

全真教在道教发展史上的地位、作用与禅宗在佛教史上的地位、作用有点类似。如果说禅宗的出现是佛教在中国的一次革命性转折的话,那么全真教在道教史上也是一次革命性转折。全真教的出现,展现了道教的开放与理性、多元与包容,是中国文化发展史上的一个重大事件。

2.邱处机与"一言止杀"

"万古长生,不用餐霞求秘诀;一言止杀,始知济世有奇功"。据说这是清代乾隆皇帝为北京白云观邱祖殿题写的对联。邱祖就是邱处机,全真七子之一,曾出任全真教掌门。这幅对联的上联概括了全真教的理论特色,"万古长生",用不着符箓,也不用炉火烧结,更不用餐风饮露,因为万古长生不是肉身的万古长生,而是真性、真阳的万古长生。邱处机答成吉思汗时说,有卫生之道,没有长生之道。"一言止杀",这是说邱处机以七十多岁的高龄带着十八位高徒,远行万里,前往今天的阿富汗境内成吉思汗的大帐,劝说这个"只识弯弓射大雕"的草原英雄放弃以杀为乐的政策,拯救苍生性命的故事。

邱处机(1148—1227年),也写作丘处机,字通密,道号长春子,登州栖霞(今属山东省栖霞市)人,十九岁在昆嵛山出家,拜王重阳为师,为王重阳七大弟子之一。金大定十四年(1174)入磻溪穴居,日乞一食,行携一蓑,人称"蓑衣先生"。后在陇州龙门山隐居修道,为全真教龙门派创始人。

王重阳死后,马钰、刘处玄等先后掌教。刘处玄死后,邱处机掌教。

邱处机掌教时，全真教在北方已经形成相当的气候，是南宋、金朝、蒙古帝国统治者竞相争取的力量。1219年，金与南宋政权先后遣使前往栖霞诏邱处机，邱处机皆不就，成吉思汗遣使来聘，邱处机审时度势，不顾七十多岁高龄，带领尹志平、宋德方、李志常等十八位高徒，跋涉数万里，远赴西域雪山（今阿富汗境内兴都库什山）应诏，拜见成吉思汗。

成吉思汗问他长生之道，他明确告诉成吉思汗：没有长生之道，只有卫生之道，一定要清静节欲。成吉思汗深感其诚。一路上，他见大雪纷飞，马羊冻死，邱处机用"天人感应"说解释异常天灾，认为是蒙古治下的民众不懂孝道，得罪上天所致，劝成吉思汗在其统治区域内推行孝道。成吉思汗打猎，坐骑受惊，掀翻成吉思汗，成吉思汗受伤。他及时规劝成吉思汗，告诉他这是上天对他的警告，要敬畏天道，止杀爱民。成吉思汗对邱处机非常欣赏，称他为"邱神仙"，令他掌管天下出家人，并赦免全真教门下道士的差役赋税。1224年，邱处机东归，入住燕京长春宫。邱处机认为，这是全真教千载难逢的好机会，他告诉弟子"立观度人，时不可失"。金正大四年（1227），邱处机在长春宫逝世，享龄80岁。元世祖时，追尊其为"长春演道主教真人"。

"一言止杀"是真的吗？既真又不真。说它真，是因为邱处机的确向成吉思汗建议要敬天爱民戒杀。成吉思汗是听了，可能也听进去了，但他会止杀吗？他的子孙会止杀吗？当然不会。在此后灭金亡宋的战争中，成吉思汗的军队一样烧杀劫掠。乾隆的"一言止杀，始知济世有奇功"，当属对邱处机的溢美之词，言过其实。

3.三教合一

全真教一出场就亮出了儒、释、道"三教合一"的旗帜。王重阳在山东创立"三教七宝会""三教玉华会""三教金莲会""三教三光会""三教平等会"等五会,都冠以"三教"的名号。王重阳主张儒、释、道三教平等、三教合一,规定以道教的《道德经》、儒家的《孝经》、佛教的《般若波罗蜜多心经》为全真教信众的必修经典,以体现全真教三教平等的思想。

从王重阳到邱处机都认为三教同源。他们借荀子的"天下无二道,圣人无两心"理论为根据,在绝对的意义上,质证儒、释、道三教是一而非三。王重阳有诗云:"儒门释户道相通,三教从来一祖风",邱处机也说:"儒释道源三教祖,由来千圣古今同。"王重阳指出:"教虽分三,道则唯一。"如果一定要说三者之间的不同,王重阳说:"太上为祖,释迦为宗,夫子为科牌。"王重阳认为,三教如一鼎三足,足虽为三,其鼎身为一;如一树三枝,三枝不同,根本是一。

全真教是道教的新形态,融合儒、佛,会通三教,可以减轻儒、佛二教对其排斥,有利本教派的顺利流传。

第七章　宋明理学

无论道教(全真教与天师道)有多兴旺,佛学在中国有多发达,都没有改变统治者以儒为本的治国策略,在政治、经济、教育、人才选拔等等重要领域,儒家的主导地位都没有改变。自两汉以下,统治者非常明白:无论是好佛,还是崇道,都将这种"好""崇"限定在个人信仰层面上,没有将其转移到政治、经济、教育、人才选拔等制度上。唐代是继汉以后中国历史上又一个伟大的时代,佛学昌盛,道教也时与佛学争锋,佛、道两家有时相互攻讦,然而无论是佛还是道,都没有取儒家地位而代之。

一、"五经"的厘定与道统的确立

1."五经"与贞观之治

唐代是中华民族在世界舞台上最为辉煌的时代,至今世界不少地方仍建有"唐人街"。唐朝建立后,高祖李渊"州、县、乡皆置学焉"。唐太宗即位后,"益崇儒术"(《新唐书·选举志》)。经过汉末、魏晋、南北朝的长期动荡,官学时废时兴,唐太宗以儒家"经籍去圣久远,文字讹谬",诏令唐代大儒颜师古于秘书省考订"五经"文字,颜师古不辱使命,对文字详加厘正。其《五经定本》考订完成后,上奏李世民,"太宗复遣诸儒重加详议,于时诸儒传习已久,皆共非之。"李世民让当时大儒对这个定本进行认真讨论,由于"定本"与众人传授、学习的不同,竟然招致一片批评。而颜师古总能根据晋、宋以来的各种古今版本,对大家提出的各种疑问,一一清楚明白地作答。他的回答广征博引,论据详明,完全出乎大家意料之外,当时大儒无不叹服。于是太宗令颜师古兼任通直郎、散骑常侍,并且"颁其所定之书于天下,令学者习焉"(参见《旧唐书·颜师古传》)。唐太宗还以儒学多门,章句繁杂,诏国子祭酒孔颖达与诸儒撰定"五经义疏",凡一百七十卷,书名《五经正义》。唐高宗永徽四年,颁布《五经正义》于天下,科举中的明经科依《五经正义》进行考试。

唐太宗清清楚楚地说:"朕今所好者,惟在尧舜之道,周孔之教,以为如鸟有翼、如鱼依水,失之必死,不可暂无耳。"(《贞观政要》卷六)贞观八年(634),唐太宗皇后长孙氏在弥留之际告诉太子:"道、释,异端之教,蠹国病民,皆上素所不为。"(《资治通鉴》卷一百九十四《唐纪十》)唐太宗作为中国历史上最为英明的皇帝之一,认为自己与"尧舜之道,周孔之教"是鱼水关系,"尧舜之道,周孔之教"是自己的生活方式,也是自己治国平天下的指导思想。

唐太宗李世民以其雄才大略,开创了"贞观之治"。"贞观之治"与他的文化政策是分不开的。从《五经定本》到《五经正义》,都是李世民亲自抓的"国家级工程",以"尧舜之道,周孔之教"治天下,同时包容道、释是成就大唐盛世的重要凭借。

2.道统的确立

"一封朝奏九重天,夕贬潮州路八千。欲为圣朝除弊事,肯将衰朽惜残年!"这是唐代古文运动的领袖、儒家杰出代表人物韩愈在被贬途中写给他侄子韩湘的诗，诗名为《左迁至蓝关示侄孙湘》。"一封朝奏"指《谏迎佛骨表》，因为这封朝奏，韩愈差点丢了性命。

凤翔扶风县（今属陕西省宝鸡市）法门寺有一座佛塔，塔内藏有释迦牟尼指骨一节，佛教信众称为"舍利"。此塔每三十年开一次，把舍利取出，让人瞻仰、礼拜，传说开塔就会岁丰人安。元和十四年（819）又逢开塔，正月，唐宪宗遣中使杜英奇押宫人三十，持香花迎佛骨至宫内，供养三日，然后传送各寺供人礼拜。上有好者，下必有甚者，皇帝乐此，举国如饮狂泉，佛骨所到之处，人们"灼顶燔指，百十为群，解衣散钱，自朝至暮，转相仿效，唯恐后时，老幼奔波，弃其生业"，掀起一场声势浩大的礼佛狂潮。见此情景，冷静而理智的韩愈冒死上疏唐宪宗，坚决反对佞佛。

韩愈认为："佛本夷狄之人，与中国言语不通，衣服殊制。口不道先王之法言，身不服先王之法服，不知君臣之义、父子之情。"释迦牟尼本是夷狄之人，不通中国语言，不穿中华服饰，不明儒家伦理。况且佛死已久，舍利不过是"枯朽之骨，凶秽之余"，应该将其"付之水火，永绝根本，断天下之疑，绝后代之惑"。韩愈极为恳切地说："佛如有灵，能作祸祟，凡有殃咎，宜加臣身"，都加我身上吧，我决不怨悔。唐宪宗见其上疏大怒，欲处韩愈以极刑，裴度等朝中大臣再三劝谏，韩愈幸免一死，而被贬官潮州。

唐宪宗之所以龙颜大怒，并不是他对佛教有坚定的信仰，而是韩愈的《谏迎佛骨表》触动了他那根脆弱的迷信神经。首先，韩愈在文中总结历史经验说，佛没有传入中国以前，黄帝、少昊、颛顼、尧、舜、禹、商汤、周文王、周武王等天子都能得享天年；而佛传入中国后，一切迷信佛的皇帝往往短命或者不得好死。最典型的是梁武帝，三次舍身佛寺，最后被侯景攻破都城，国破身死。韩愈还没说破，那就是唐朝所有迎佛骨的皇帝没有一个有好下场。其次，"今无故取朽秽之物"，皇上还"亲临观之"，"巫祝不先，桃茹不用"，实为不祥。唐宪宗认为，这是韩愈咒他像其他皇帝一样早死，甚至不得好死！他气急败坏，于是想置韩愈于死地。（此事及引文见《旧唐书·韩愈传》）

韩愈是位持儒家信仰的知识分子，有自己坚定的立场和高洁的操守。如果说《谏迎佛骨表》是对佛教的"破"的话，那么可以说《原道》一文就是他对儒学的"立"。作为古文运动的倡导者，他的"文以载道""文道合一"不是要与道教的道合，也不是要与佛教的道合，而是要与儒家的仁义之道合。

韩愈明确指出，他所说的"道"不是老子之道，也不是佛教的道，而是儒家的道。这个道，"尧以是传之舜，舜以是传之禹，禹以是传之汤，汤以是传之文武周公，文武周公传之孔子，孔子传之孟轲，轲之死，不得其传焉"（《原道》）。尧、舜、禹、汤、文、武、周公、孔子、孟子之道，到孟子死了，这个道就中断了，而荀况与扬雄，"择焉而不精，语焉而不详"，不足以继承中华之道统。

韩愈的道统说在中华文化发展史上具有里程碑式的意义。第一，他明确了中华文化道统的核心意涵，指出其核心意义是仁义道德。"博爱之谓仁，行而宜之之谓义；由是而之焉之谓道，足乎己，无待于外之谓德"。"仁与义，为定名；道与德，为虚位"。仁就是博爱，义就是行为合理、恰当，道就是遵循仁与义的原则，德就是依照这种原则去践行，圆满自足而不需要其他东西作为自己的精神与生命支撑。德是一种信仰，是将本性中的仁与义通过自己的道德实践再内化为自己的德性，以此作为自己的精神信仰。

第二，他明确了道统之道是中道，是天下之公道，不是一家之私言。

"凡吾所谓道德云者,合仁与义言之也,天下之公言也"。"老子之所谓道德云者,去仁与义言之也,一人之私言也"。仁义之道是天下之公言,可以为天下人所遵循,而老子的道摒弃仁义,是一人之私言,即一己之见、一家之言,不可能成为天下共同遵守的标准与行为规范。

第三,把道统延展到孟子,这是韩愈的高明之处。自汉以来,谈起道统,一般上溯伏羲,下至孔子,大都是从《易经》传承的法系言,而不是从仁义的角度讲,《汉书》《文心雕龙》等莫不如此。韩愈讲"孔子传之孟轲,轲之死,不得其传焉",这几句话掷地有声,意义非凡,不可小觑。尧、舜、禹、汤、文、武、周公、孔子这个道统,孔子以上全是政治领袖,可谓君师合一,而孔子是布衣,只是师,不是天子,甚至不是诸侯,最多称之为"素王";而延展到孟子,就为宋明理学家们重塑孔孟之道开辟了道路。在"孔孟之道"的序列里,孔子是龙头,是教主,天子王侯不与焉,道统与政统二分,道统高于政统,孔子成为中华民族的精神导师,代表着中国文化的根与魂,由是,我们说韩愈是宋明儒学复兴的先驱。

二、程朱理学

安史之乱后,唐帝国元气大伤,地方势力做大,藩镇割据,尾大不掉,再经"冲天香阵透长安,满城尽带黄金甲"的黄巢起义后,唐朝已是风中之烛,苟延残喘而已。唐亡到北宋建立,在短短的五十三年里,经历了五个朝代,名曰"五代";先后出现过十个割据政权,名曰"十国",总称这个时代为"五代十国"。如冯道,史称"不倒翁",早年事奉燕王刘守光,继之在后唐、后晋、后汉、后周四个朝代为官做宰,先后效力于后唐庄宗、后唐明宗、后唐闵帝、后唐末帝、后晋高祖、后晋出帝、后汉高祖、后汉隐帝、后周太祖、后周世宗十位皇帝,期间还向辽太宗称臣,始终位居将相、三公、三师之位。这种极端没有节操的人,后人骂他"不知廉耻",斥其为"奸臣之尤"。冯道这种人物是时代的产物,也是他个人的悲剧! 五代十国时期,"冯道"是一种典型现象,大冯道只有一个,小冯道可能决不止于一个,心中的冯道可能有无数个。北宋建立,天下重新回归一统,对"冯道"这种寡廉鲜耻现象的反思,自然呼唤道德意识的复苏,宋明理学应时而生。

1.宋初三先生与泰山书院

泰山南麓,凌汉峰西南,六朝古刹普照寺西北,有座古朴的建筑,那就是泰山书院。泰山书院又称上书堂、三贤祠、五贤祠。最初这里叫栖真观,北宋初年,孙复、石介游学至此,整顿院落,收拾草木,聚徒讲学。康定元年(1040),石介撰写《泰山书院记》,始有泰山书院之名。相传泰山书院是"宋初三先生"(胡瑗、石介、孙复)读书、讲学之所,旁有一石碑,上书"胡安定公授书处"。

> 宋兴八十年,安定胡先生、泰山孙先生、徂徕石先生始以师道明正学,继而濂、洛兴矣。故本朝理学虽至伊洛而精,实自三先生而始,故晦庵有"伊川不敢忘三先生"之语。(《宋元学案·泰山学案》)

安定即胡瑗,泰山即孙复,徂徕即石介,三先生"以师道明正学",这里的"正学"即儒学,或者说是孔孟之学。三先生之后,"濂"即濂学,为周濂溪所创;"洛"指洛学,因程颢、程颐兄弟长期在洛阳讲学而得名。宋代理学到程伊川(程颐)而精微,但由"宋初三先生"发轫,由是晦庵即朱熹乃有程颐不敢忘三先生之语。

胡瑗（993—1059年），泰州如皋人；孙复（992—1057年），晋州平阳人；石介（1005—1045年），兖州奉符人。胡与孙年龄相仿，石介比胡瑗少十二岁。胡瑗与孙复、石介在泰山一起苦读、切磋十年，后到吴中教授经术，据说弟子有数千之多，是位著名的教育家。孙复，举进士不第，隐居泰山，聚徒讲学。石介，进士及第，后丁忧归隐徂徕。孙复在泰山时，他曾师事孙复。

宋初三先生的贡献在于上承韩愈的道统说，下开伊洛之学，在唐代儒学与宋明理学的传承中起到了承上启下的作用。宋初三先生力辟佛老，捍卫儒学的道统地位。石介说："夫自伏羲、神农、黄帝、尧、舜、禹、汤、文、武、周公、孔子至于今，天下一君也，中国一教也，无他道也。"（《徂徕石先生文集·上刘工部书》）"中国一教"指的是孔子之教，从而否定了道教、佛教存在的合法性。他指出，这个道是"万世不改"的"本"，是"万世可行"的"中"，这个道"道于仁义而仁义隆，道于礼乐而礼乐备"（《徂徕石先生文集·移府学诸生》）。若问石介当今之世谁是道统的传人，他会回答，他的老师孙复。"孙明复先生，学周公、孔子之道而明之者也。周、孔之道，非独善一身而兼利天下者也"。（《徂徕石先生文集·明隐》）他将孙复与孔子比肩："自周以上观之，圣人之穷者唯孔子。自周已下观之，贤人之穷者唯泰山明复先生。"（《徂徕石先生文集·与祖择之书》）这说明宋初三先生以身担道，有着强烈的文化主体意识，是接着韩愈向下讲的。孙复与胡瑗批佛、老，崇道统，其中胡瑗高扬孟子，肯认子思、孟子传统；孙复除推崇孟子外，认为董仲舒、扬雄、王通、韩愈，"始终仁义不叛不杂"，对董仲舒推明孔氏、罢黜百家，颂扬有加，认为董仲舒是暴秦之后圣道晦而复明的关键人物。

宋初三先生中，胡瑗讲学最为成功，影响也最大。范仲淹的儿子范纯仁也是他的弟子。程朱理学的标志性人物程颐曾向他问学，且对胡瑗的义理旨趣知契独深，礼敬有加。程颐也曾向周敦颐问学，但他对胡瑗的礼敬远胜于周敦颐。这从他对两人的称谓就可以看出来：他对周敦颐直接以其字茂叔称之，而对胡瑗则非安定先生不说话。周敦颐名为北宋道学的开山，但程颐对此并不领情。

2.北宋五子

朱熹曾写过北宋理学六先生像赞，这六先生是周敦颐、司马光、邵雍、张载、程颢、程颐。不过学术界一般认为司马光是历史学家，不是理学家或哲学家，略去司马光就是五先生，这就是人们常说的"北宋五子"。

如果说宋初三先生是理学前驱的话，那么完全可以说北宋五子就是理学的开山。清代学者黄百家指出：

> 孔、孟而后，汉儒止有传经之学，性道微言之绝久矣。元公（编者按：指周敦颐）崛起，二程嗣之，又复横渠诸大儒辈出，圣学大昌。故安定、徂徕卓乎有儒者之矩范，然仅可谓有开之必先。若论阐发心性义理之精微，端数元公之破暗也。（《宋元学案·濂溪学案上》）

在这里黄百家比较了汉儒与宋儒的不同，汉儒传经，宋儒传道；汉儒是经学家，宋儒是哲学家。而宋初三先生对道学仅"可谓有开之必先"的作用，元公即周敦颐才是道学的真正奠基人，二程继承周敦颐的道学传统，又有横渠（张载）诸大儒辈出，圣学大昌，从此宋明理学大发光明。

周敦颐（1017—1072年），字茂叔，号濂溪，道州营道县（今湖南道县）人，晚年定居庐山莲花峰下，以家乡营道之水名"濂溪"命名堂前的小溪和书堂，故人称濂溪先生。他一生以"志伊尹之所志，学颜子之所学"为目标、为志向，认为超过这个目标就可以成为圣人，达到这个目标就是贤人，终生以此为追求，即使没有达到这个目标也会有个好名声。

周敦颐是我国理学的开山祖。他以《易传》为根据，构造了一个"无极而太极"的宇宙论系统。太极一动一静，产生阴阳，阴阳合变产生水、火、木、金、土五行，二气（阴阳二气）与五行交感，化生万物。在他的理学体系里，几乎涉及到后来理学的各种哲学范畴，如无极、太极、阴阳、五行、动静、性命、善恶等。

周敦颐的著述并不多，但从《太极图说》到《通书》都显示了他对儒学的独到理解和创造性阐释与发展，他的《爱莲说》也流行甚广。

张载（1020—1077年），字子厚，凤翔郿县（属今陕西眉县）横渠镇人，世称横渠先生。

人们可能不知道张载，但不能不知道这四句话："为天地立心，为生民立命，为往圣继绝学，为万世开太平。"这四句话出自张载，故称"横渠四句教"。由于这四句话说出了无数仁人志士的心声，表达了读书人的理想、追求与期望，因而它广为流传。

张载是理学奠基人之一，是理学中"关学"的开创者。他是位杰出的哲学家，他的《正蒙》是系统、严整、逻辑严密的哲学著作。他提出了"太虚即气"的哲学本体思想，深化了中国哲学中的元气论。他对"天命之性""气质之性"的二重划分深化了儒家人性论问题的讨论，有助于人们理解人性本善，恶从何来的问题。他对"闻见之知"与"德性之知"的区分，推动了中国智慧学的研究。尤其值得一提的是他的《西铭》，是《正蒙》中的一篇小文，又称《乾称》，虽然不长，但包涵着丰富而深邃的哲学思想。"民，吾同胞；物，吾与也"即"民胞物与"的思想，将儒家天下一家的观念推向了极致，而在天父地母的意义上说整个宇宙就是一个和谐的大家庭。这些学说，千百年来受到学者们的一直称赞和不断诠释。

程颢（1032—1085年），字伯淳，人称明道先生。程颐（1033—1107年），人称伊川先生。程颢、程颐是同胞兄弟，世称"二程"，河南府（今河南洛阳）人。二程受其父程珦的影响非常大，程珦是张载的表兄弟，是周敦颐的同事。二程与张载是亲戚，程珦见周敦颐见解非凡，让二程从周敦颐学。二人都有志于圣人之学，在政治上与其父保持一致，反对王安石变法，属于保守派阵营。在学术上，二程长期坚持讲学，共同开创了理学中的"洛学"。不过，程颢与程颐的思想并不完全相同，程颐在程颢去世后继续讲学二十二年，一方面对洛学的流传发挥了巨大作用，另一方面在后期讲学、著述中他的思想已经发生了变化。有的学者指出：程颢属于主观唯心主义，程颐是客观唯心主义。还有的学者直接说，程颢开出了陆王心学，程颐开出了程朱理学。这些说法都有一定的道理。

二程的父亲作为地方官员，坚决反对王安石的新政，二程兄弟继承父志，将反对新政在程氏一门进行到底。程颢中进士后，由县主薄升为县令，又由县令升为御史。神宗皇帝鉴于内外交困，非常想有一番作为。有时召见程颢，就国事征询他的意见。程颢每次晋见，必定向宋神宗大谈治国以至诚仁爱为本，从不言功利。神宗需要的是解决内外交困的具体办法、措施，而程颢却向神宗皇帝讲以尧舜之道治天下。神宗告诉他："此尧、舜之事，朕何敢当？"程颢愀然说："陛下此言，非天下之福也。"（《二程集·明道先生行状》）君臣之间极不和谐。程颢在皇帝面前不迎合皇帝，直抒胸臆，表现出他敢言、正直、表里如一的人格特质，同时，程颢也实在拿不出比王安石更好的替代方案以解决神宗朝所面临的问题。

宋神宗去世后，哲宗继位，高太后秉政，以王安石为代表的新党见黜，司马光、吕公著等旧党复起。程颐在司马光等人的推荐下，平步青云，任秘书省校书郎，皇帝随时召见，授崇政殿说书。他每一次给小皇帝宋哲宗讲经书史籍，都神色庄重，继之以讽谏，力图用他的主张给小皇帝洗脑。当他得知小皇帝在宫中盥洗避免伤害蚂蚁时，便问道："有是乎？"得到答案是："然，诚恐伤之尔。"他说："推此心以及四海，帝王之要道也。"（《宋史·程颐传》）显然，这是孟子说齐王"以羊易牛"推恩说的翻版。不过，孟子以此说齐王是创造，而程颐以此说哲宗则是只能沦为笑谈了。

通过上面两个案例，我们可以得知二程长于理论而弱于事功，精于内圣而疏于外王，后人常常诟病宋儒"无用"，良有缘焉。

二程最重要的理论是"天理"说，程朱理学没有了"天理"，"理学"一名就无法成立。二程认为，"天理"二字，是自家体贴出来的。《礼记·乐记》中就有了"天理""人欲"这样的范畴，二程为何却说是自家体贴出来的呢？其实，二程这样说并没有错。"天理"二字在《礼记》中只是偶现而已，从先秦到汉唐，哲学家们更多使用"天道""天命"，几乎没有人将"天理"视为解说宇宙、人生的根本观念，"天理"到二程那里成为绝对的、普遍的、永恒的哲学范畴，是解释说明宇宙、社会、人生一切事物来源的最终根据。从自然界到人类社会，从人的政治关系到人的血亲关系，事事物物、物物事事都有理，这个理就是天理。忠、孝、节、义等等是名教，更是天理，天理说的出现改变了自然与名教争论的评价标准，也就是说不是"名教"合不合"自然"的问题，而是"自然"合不合"名教"的问题。

二程提出体用一源，显微无间。二程易学造诣泓深，张载都自称不及。有一次，张载在京师，坐虎皮椅说《周易》，二程兄弟到，共同讨论《周易》。次日，张载就撤去虎皮，告诉学生说："二程近到，深明《易》道，吾所弗及，汝辈可师之。"（《二程集·河南程氏外书·传闻杂记》）张载作为二程兄弟的长辈，避席不谈，未必为真，二程之深于《易》道，却为不假。程颐《易传》已成，秘不示人。一天把自己写的《易传序》示门弟子。学生尹焞拿回去，伏读数日，见程颐。程颐问尹焞体会，尹焞说："至微者理也，至著者象也。'体用一源，显微无间'，似太露天机也。"（《二程集·河南程氏外书·传闻杂记》）程颐说，近日学者都没有达到这个境地，我是不得已而泄露这一天机的。所谓"破天机"就是把话说破了，不再隐藏了，说到不能再说，交实底了。"体用一源，显微无间"，告诉人们现象即本体，本体即现象，离开现象没有本体，离开本体没有现象。

二程首重"四书"。二程重《周易》，重"六经"，这在当时并不新鲜，二程学问的独到之处，在于提升了《大学》《论语》《孟子》《中庸》等"四书"的地位，为朱熹的《四书章句集注》奠定基础，开尊"四书"之先河。《宋史·程颐传》说程颐的学问"以《大学》《语》《孟》《中庸》为标指，而达于'六经'"。"四书"是进入"六经"的门径，也是古人为学之次第、入德之门径。"由二程始以'四书'并行起，至朱熹作《四书集注》，'四书'风行天下后世，在经书中夺取了'五经'在思想界的地位"。[1]这个评价是恰当的。

邵雍（1011—1077年），字尧夫，谥康节，祖籍河北范阳。北宋著名易学家、哲学家。

邵雍少有大志，发愤读书。《宋史·邵雍传》称："寒不炉，暑不扇，夜

---

[1] 侯外庐等主编：《宋明理学史》上卷，北京：人民出版社，1984年，第139—140页。

不就席者数年。"长而游学四方,黄河两岸,大江南北,齐、鲁、晋、宋等各地,他都到过。相传李挺之授他《河图》《洛书》《伏羲八卦》,他精研易学尤其是象数学,终成一代易学宗师,著有《皇极经世》《观物内外篇》《伊川击壤集》等书。

邵雍在宋明理学发展史上比较另类,严格地讲不属于理学谱系。他的研究领域与思想路向与周敦颐、张载、二程迥异,但著述颇多,思想建树也足,也为二程、司马光等人所礼重,因而研究者们又不能忽视他。

3.朱熹:集理学之大成

朱熹(1130—1200年),字元晦,又字仲晦,号晦庵,晚称晦翁,谥文,世称朱文公。朱熹祖籍徽州府婺源县(今江西省婺源县),是理学的集大成者,世尊称朱子。严格地讲,朱熹是程颐的三传弟子李侗的学生,他与二程的学说合称"程朱理学"。朱熹的理学又被世人称为"朱子学",朱子学不仅对中国元、明、清三代影响巨大,也远播朝鲜、日本以及东南亚一些国家与地区,对世界文化尤其是东亚文化产生了重要影响。

理气说

朱熹继承了程颐的天理说,认为理或天理是天地万物的总根源。这个理,他又叫太极。他说:"天地之间,有理有气。理也者,形而上之道也,生物之本也;气也者,形而下之器也,生物之具也。是以人物之生,必禀此理然后有性,必禀此气然后有形,其性其形,虽不外乎一身,然其道器之间,分际甚明,不可乱也。"(《朱子文集》卷五十八《答黄道夫一》)乍看之下,朱子是将理与气看得同等重要,不分彼此,理是"生物之本",

气是"生物之具",不偏不倚,客观公允,其实不然。他不是理气二元论者,而是理本论者。在他看来,没有天地之先,"也只是理"。有了理,便有了气,有气就有气化流行,发育万物。理在气先,理在气上,这是他思想的核心。

格物致知说

"格物致知"首出《大学》。《大学》中有"致知在格物""物格而后知至"的说法。朱子认为,《大学》一书有经有传,但"格物致知"一章的传文亡佚了,他要给补上。他说:"所谓致知在格物者,言欲致吾之知,在即物而穷其理也。盖人心之灵莫不有知,而天下之物莫不有理,惟于理有未穷,故其知有不尽也。是以《大学》始教,必使学者即凡天下之物,莫不因其已知之理而益穷之,以求至乎其极。至于用力之久,而一旦豁然贯通焉,则众物之表里精粗无不到,而吾心之全体大用无不明矣。此谓物格,此谓知之至也。"这是朱子对《大学》"格物致知"的一段诠解。经过他的诠解,《大学》中的格物致知有了今天认识论或知识论的意义。格物即是研究物,致知即达到对事物之理彻底的了解与认识。

朱熹的格物致知说当然有荡出《大学》本身的意义,因而后世学者没有人认为朱子对《大学》的补传是《大学》本身的应有之义,相反,学者们一般都将其视为朱子的格物致知思想。当然朱子作为儒门人物、一代学宗,他的格物致知不能没有道德意义,在"穷天理、明人伦、讲圣言、通世故"与"兀然存心于一草木、一器用之间"(《朱子文集》卷三十九《答陈齐仲》),何者更重要,朱子一定回答前者更重要。朱子的格物致知认识论意义大于道德意义,西方传教士将翻译、介绍西方自然科学的书籍叫作"格致"或"格致学",晚清设格致科进士大概也是缘朱子之意。

朱子教人读"四书"

二程都重"四书",对"四书"下过一番功夫,但真正将"四书"提升到"五经"以上,让"四书"获得如此巨大影响力的人是朱熹。朱子的《四书章句集注》问世,最重要的是确立了儒家道统在先秦的传承,乃是由孔子到曾子,由曾子到子思,由子思到孟子;另外,实现了儒家学问方向性转化,即由汉以来重经学向重子学的转变,由重名物训诂向重义理的转变。

朱子将"四书"看作是一个合逻辑的理论系统,而不是四本书的生硬拼凑。他说:

> 读书且从易晓易解处去读,如《大学》《中庸》《语》《孟》四书,道理粲然。人只是不去看。若理会得此四书,何书不可读! 何理不可究! 何事不可处!
>
> 某要人先读《大学》,以定其规模;次读《论语》,以立其根本;次读《孟子》,以观其发越;次读《中庸》,以求古人之微妙处。《大学》一篇有等级次第,总作一处,易晓,宜先看。《论语》却实,但言语散见,初看亦难。《孟子》有感激兴发人心处。《中庸》亦难读,看三书后,方宜读之。(《朱子语类》卷十四《大学一》)

朱子认为,"四书"是个义理系统,《大学》是这个系统的框架结构,《论语》是这个系统的根据,《孟子》是对《论语》发挥,《中庸》是古圣先贤义理的精微处。如果对"四书""句句字字,涵泳切己,看得透彻",一个人会"一生受用不尽"。朱子认为,读书是为了明理,明白做圣贤的道理。读"四书",就是要明"四书"的道理,做"四书"所要求的圣贤之人。

晚年,朱熹的学问被列入"伪学",朝廷下诏"严伪学之禁",朱熹身心、声誉都受到沉重打击。在形势严峻的日子里,他从前教过的许多学生或者朋友,或屏伏丘壑,或更名他师,或过门不入,甚至有变易衣冠,狎游市肆,以自别于朱党者。患难见真情,同样也照见出一个人的原形。即使在如此困难的情况下,朱熹仍"日与诸生讲学不休",有人劝他遣散生徒,他笑而不答。"疾且革,正坐,整衣冠,就枕而卒,年七十一"。(《纲鉴易知录》卷八四《南宋纪》)疾病发作,他坚持坐正,整理衣冠,平静躺下,与世永别!

三、陆王心学

陆王心学是宋明理学的重要组成部分,陆是指南宋的陆九渊,王是指明代的王守仁,二者虽然生活的时代不同,但都将心作为说明宇宙万象的根本,因而后世学者常常将二者合在一起称"陆王心学"。心学,作为儒学中的一个派别,其萌生可以上溯到孟子,北宋大儒程颢启其绪,南宋陆九渊正式打出心学招牌,而与程朱理学相抗衡。至明,由王守仁集心学之大成,王学独步天下,以至于阳明学成为心学的代名词。

1.陆九渊:心即理

陆九渊(1139—1192年),字子静,抚州金溪(今江西金溪)人。陆九渊出生在一个九代同居共食,阖门二百人的传统大家庭中。因其讲学于象山书院,世人称之为"象山先生",所以又叫陆象山。

陆九渊在宋孝宗乾道八年(1172)进士及第,调靖安主簿,历国子正。陆九渊是宋明理学中心学一系真正的开山之祖,与朱熹齐名,学术见解与朱熹多有不合。有《象山先生全集》三十六卷行于世。

心即理

依当代大儒牟宗三先生的说法,陆九渊的学问是读《孟》而自得之,他的学问全幅是孟子学。陆九渊的学问就是"一心之遍润,一心之朗现"。宋明理学家视理为绝对范畴,若问什么是理,陆九渊的回答是"心即理"。

陆九渊十三岁时读书读到"宇宙"二字,见古人解释"四方上下曰宇,往古来今曰宙",忽然省悟,提笔写下:"宇宙内事乃己分内事,己分内事乃宇宙内事。"(《陆九渊集》卷三十六《年谱》)由此他"笃志圣学"。他说:"宇宙便是吾心,吾心即是宇宙。东海有圣人出焉,此心同也,此理同也。西海有圣人出焉,此心同也,此理同也。……千百世之上至千百世之下,有圣人出焉,此心此理,亦莫不同也。"(《陆九渊集》卷三十六《年谱》)宇宙是无限的、永恒的,陆九渊将"吾心"与宇宙等同,正如他将本心与理等同一样,借此说明心的绝对性。荀子有言"天下无二道,圣人无两心",陆九渊以为心是一而非二,只要是本心、道德心,它就是宇宙之心、天地之心,就是普遍的、绝对的。

他说:"塞宇宙一理耳。"(《陆九渊集》卷十二《与赵咏道》)"万物森然于方寸之间,满心而发,充塞宇宙,无非此理。"(《陆九渊集》卷三十四《语录上》）他与所有理学家一样，认为理是绝对的、普遍的、永恒的，但他的独特之处在于认为这个理就是心，心就是理。他说："心，一心也，理，一理也，至当归一，精义无二，此心此理，实不容有二。"（《陆九渊集》卷一《与曾宅之》）"人皆有是心，心皆具是理，心即理也。"（《陆九渊集》卷十一《与李宰》）陆九渊利用理的绝对性论证、说明心的绝对性，为自己心学的合法性、合理性作注脚。当然，他的心不是经验心、认识心，而是道德心；不是习心，而是本心。在牟宗三先生看来，陆九渊的"心即理"比朱熹的"性即理"更合乎自孔孟以来的义理本质，而朱子的理学则是"别子为宗"。当然，若从孟子"心""性""天"的角度出发，这种评判是有根据的。

先立乎其大与易简工夫

"仰首攀南斗，翻身倚北辰，举头天外望，无我这般人。"（《陆九渊集》卷三十五《语录下》）这是陆九渊的一首小诗。从短短四句话中，完全可以想见其为人：高峻、独立、神圣不可犯。

从陆九渊的心学出发，人人有是心，人人有是理，每一个生命个体都是圆满自足，万物皆备，没有欠缺的，因而人人都可"收拾精神，自作主宰"（《陆九渊集》卷三十五《语录下》）。而儒学不过就是做人之学，做圣贤之学。做人的关键、希圣希贤的关键首先在于"发明本心"。圣贤为什么可学而致？因为圣贤与凡人心同理同，故而成就圣贤的根本在于发明本心。"先立乎其大"，心就是大，"立乎其大"就是立心。心是根本，其他是枝叶。

"先立乎其大"是成就圣贤人格最简易的工夫。立大以后，如何着手? 陆九渊要求我们从眼前开始,从日用处下手。他说,"圣人教人,只是就人日用处开端"。(《陆九渊集》卷三十五《语录下》)"道理只是眼前道理,虽见到圣人田地,亦只是眼前道理"。(《陆九渊集》卷三十四《语录上》)人伦日用处即道场,就是修行处,就是成就圣贤人格的实践。圣贤不是少数理学家可做,而是人人可做。他说:

> 女耳自聪,目自明,事父自能孝,事兄自能弟,本无欠阙,不必他求,在自立而已。(《陆九渊集》卷三十四《语录上》)

每一个人都是完满自足的,都具有与圣贤一样的心,圣贤人人可学,人人可致,圣贤工夫在人伦日用之间,就在人们的日常生活之中,这是何等简易! 在陆九渊那里,圣贤对每一个人来讲,不是能不能的问题,而是为不为的问题。某不识一个字,也不妨堂堂正正做个人。

程朱理学更多强调"道问学""格物致知",认为读书是明做人之理的前提,而陆九渊的心学更多强调"尊德性",认为关键不在于有无学问、知识,而在于能否发明本心,做到切己自反,改过迁善。程朱理学近于中国佛教中的华严宗,而陆九渊的心学多少有点像中国佛教中的禅宗。

2.王阳明:致良知

王守仁(1472—1529年),幼名云,字伯安,别号阳明。浙江绍兴府余姚县(今属浙江省余姚市)人,因曾筑室于会稽山阳明洞,自号阳明子,学者称之为阳明先生,亦称王阳明。

王阳明是明代杰出的思想家、哲学家,是陆王心学之集大成者。王阳明一生具有传奇色彩,少时便以读书做圣贤为天下第一等的事。弘治十二年（1499）中进士，历任刑部主事、贵州龙场驿丞、庐陵知县、两广总督等职，晚年官至南京兵部尚书、都察院左都御史。因平定朱宸濠之乱有军功而被封为新建伯，隆庆年间追赠新建侯，谥文成，故后人又称其为王文成公。

心即理

作为心学的集大成者，王阳明继承了陆九渊"心即理"的理论路向，将"心学"推向新的高峰。王阳明认为，心不是一块血肉，不是指人的心脏，而是支配我们视听言动的心。如耳朵的听，眼睛的看，手足知痛痒等等都是心。心是身的主宰，心之所发是意念，意念的意义在于知，知之所在就是物。他说："人者，天地万物之心也；心者，天地万物之主也。心即天，言心则天地万物皆举之矣。"（《王文成公全书》卷六《答季明德》）人是天地万物之心，是儒家共许的理念。心是天地万物之主，则是阳明学的独得之见。这个"心"是人的心，也是天地万物之心。心即天，也就是心即理、心即性、心即命，总之在阳明那里，心生发一切、主宰一切。有时他将心叫作"灵明"，他与学生有段关于灵明的对话，从中可以窥知阳明思想。

阳明问学生："你看这天地之间，什么是天地的心？"学生回答："我曾听说，人是天地的心。"阳明继续问："人又是什么做心？"学生回答说："只是一个灵明。"阳明向学生开讲了，他说："可知充塞天地之间，只有这个灵明。""天没有我的灵明，谁去仰他高？地没有我的灵明，谁去俯他深？鬼神没有我的灵明，谁去辨他吉凶灾祥？天地鬼神万物离却我的灵明，便没有天地鬼神万物了。我的灵明离却天地鬼神万物，亦没有我的灵明。"学生问:"天地鬼神万物,千古都在,为什么说没有我的灵明,便没有了呢?"王阳明说:"你看死去的人,他的精灵游散了,他的天地万物在哪里呢?"(参见《王文成公全书》卷三《语录三》)依王阳明说法,我心在,我的天地万物在。我心不在,我的天地万物就不在了;你心在,你的天地万物就在。你心不在,你的天地万物就不在了。现在看来,这是主观决定客观,主体主宰客体,由认识论进入到存在论。不过,王阳明这个说法并非全无道理。能与所、主与客是一对应关系,失去一方,另一方就不存在。我心是主,天地万物是客,我心不在,我的天地万物就不存在了,反之亦然。在这个意义上,王阳明说,我的灵明与天地鬼神万物"一气流通",无法"与之间隔"。

这就是王阳明的"心外无理""心外无性""心外无命""心外无意""心外无物"。心外无性、无命、无理、无意并不难理解,"心外无物"还是不断遭到同时代人的挑战:

> 先生游南镇,一友指岩中花树问曰:"天下无心外之物,如此花树,在深山中自开自落,于我心亦何相关?"先生曰:"你未看此花时,此花与汝心同归于寂;你来看此花时,则此花颜色一时明白起来,便知此花不在你的心外。"(《王文成公全书》卷三《语录三》)

"心外无物",千百年来,此花在山中自开自落,你不在,花仍在,与你心何干? 这是友人对阳明学说最尖锐的挑战。王阳明的回答相当巧妙,他说:你未看此花时,此花与你心同于"寂"。"寂"是说你心是你心,花是花,你心在,花也在,只是互不相涉,心与花不起波澜。一旦看到此花,心与花马上发生关系,心是花的心,花是心的花,心与花一气相通,花在心中立即起波澜,颜色、形貌等等一时顿现,寂不再寂,而是动。"心外无物"并不是说心之外即你没有听到、没有见到的,这个世界就不存在了,物就没有了,而是说非无物也,虽有而无异于无也。

在王阳明看来,心是最高主宰,有心有一切,无心一切无。他明确说"心即理",心外无事,心外无理。他说:"有孝亲之心,即有孝之理;无孝亲之心,即无孝之理矣。有忠君之心,即有忠之理;无忠君之心,即无忠之理矣。理岂外于吾心邪?"(《王文成公全书》卷二《答顾东桥书》)理是绝对的、普遍的,心外无理,心在理在,心即理,心也是绝对的、普遍的。王阳明在高扬心上可谓"用心",无论是从精微处,还是从广大处,远远超越陆九渊。

致良知

"人人自有定盘针,万化根源总在心。却笑从前颠倒见,枝枝叶叶外头寻。"(《王文成公全书》卷二十《咏良知四首示诸生》)王阳明认为,"良知"不在外面,而在心里,"却笑从前颠倒见,枝枝叶叶外头寻",是在笑自己从前照朱子方法去格竹子,也在笑当下程朱理学的先生们。

"致知"是《大学》首发,然而《大学》对如何致知并没有讲,朱熹开始大讲"格物致知"。王阳明十八岁时,曾拜谒朱子学的信奉者娄谅。娄谅向他讲授格物致知之学,王阳明听后非常高兴。他遍读朱熹的著作,按照朱熹的方法去格物致知,下决心格竹子之理,格了三天三夜的竹子,什么都没有格出来,自己却病倒了。王阳明由此意识到:向外寻理,这是颠倒见,原来"人人自有定盘针,万化根源总在心"。这个"定盘针"就是决定人生方向的指标,就是人的良知,就是人的本心。"个个人心有仲尼,自将闻见苦遮迷。而今指与真头面,只是良知更莫疑。"（《王文成公全书》卷二十《咏良知四首示诸生》）仲尼就是孔子,人人心中都有孔子一样的心,都可以成为仲尼那样的圣人,只是耳目之官不思,就把这个"圣心"遮迷了;现在告诉大家"圣心"就是"良知","良知"就是"圣心"。

由是王阳明重新解释格物致知,他说:

> 所谓致知格物者,致吾心之良知于事事物物也。吾心之良知,即所谓天理也,致吾心良知之天理于事事物物,则事事物物皆得其理矣。致吾心之良知者,致知也。事事物物皆得其理者,格物也。是合心与理而为一者也。(《阳明先生集要·答顾东桥书》)

致知格物在王阳明的解释下,知是良知,是我们本心自具的良知,心即理,我心的良知就是天理。物是事事物物,在王阳明那里,事事物物主要是指道德的实践活动,如事亲、忠君等等。致知格物就是将吾心之良知作用于事事物物,尤其是道德的行为或实践上去。将吾心之良知作用于事事物物,事事物物就都得其理,意思是说,做得恰到好处,事亲自然知孝,事兄自然知悌,事君自然知忠,孝、悌、忠就是事亲、事兄、事君之理。朱子的物是天地草木器用无不是物,是客观之物。王阳明的物不是客观之物,而是"心外无物"之物,是主观物、行为物;朱子的格物致知是"即物穷理",也就是接触这些客观之物而穷究、研究它存有的理,而王阳明的格物致知,格是"格君心之非"之格,格是正,格物是使物由不正到正;朱子的格物致知主要是知识论的,而王阳明的格物致知主要是道德实践的。

"致良知"是作圣功,是成就圣贤人格,因而他告诉他的弟子:"尔身各各自天真，不问求人更问人。但致良知成德业，谩从故纸费精神。"（《王文成公全书》卷二十《示诸生三首》）每一个人都有"圣心""良知"，这个心与良知圆满自足，不需外求。努力致良知就可以成就自己的道德事业，不需要钻进故纸堆里去耗费自己的精神，浪费自己的生命。读书能明理吗？王阳明的回答是不一定。读书有可能钻进故纸堆中迷失了自己，不但不能明圣贤之理，反而遮迷了自己的良知本性。阳明心学简捷明快，活泼好用，原因就在这里。

王阳明将成圣成贤的大门向四面八方打开，向全社会开放，向所有人开放，"个个人心有仲尼"，人人可以成就圣贤。上至尧舜，下到愚夫愚妇，何人不能成圣？有谁不能成贤？成就圣贤是为不为的问题，不是能不能的问题。成圣贤不必背多少经书，摆多少学案，听多少次讲座，致吾心之良知，将良知在生活中呈现，在行为中呈现，当下即是，无怪乎他的后学能说出"满街都是圣人"的惊人之语。

知行合一说

知行合一说是王阳明的重要理论，也是王学的标志性主张。王阳明所说的"知行合一"不能简单地理解为认识和实践相统一，"知"主要指格物致知之知，是人的道德意识和思想意念；"行"主要指力行之行，是人的道德实践活动和实际行为。"知行合一"是指道德意识和道德实践相符合，当然也包括思想、意识和实际行为相一致。

王阳明为什么要提倡知行合一呢？他有自己的解释。他指出，今人论学，将知和行分做两件事，一念发动处有不善，也不去禁止。他之所以讲知行合一就是要让人明白，"一念发动处，便即是行了。发动处有不善,就将这不善的念克倒了。须要彻根彻底,不使那一念不善潜伏在胸中。此是我立言宗旨"(《王文成公全书》卷三《语录三》)。王阳明在具体的政治实践活动与军事实践活动中,深刻地认识到"灭山中贼易,灭心中贼难","心中贼"是"山中贼"的渊薮,"心中无贼"则"天下无贼"。知行两橛会导致我想什么谁也管不着,也管不了。王阳明告诉人们:"一念发动处,便即是行了",恶念就是在作恶,别人管不着,自己能瞒得了自己吗?将一念之不善彻根彻底从胸中铲除净尽,心中贼灭,山中贼也无由而生,从而实现天下太平。

王阳明认为,知行本来是一体的,是不可分的,或者说"知行原是两个字说一个工夫"(《王文成公全书》卷六《答友人问丙戌》)。他说:"知是行的主意,行是知的功夫;知是行之始,行是知之成。若会得时,只说一个知,已自有行在,只说一个行,已自有知在。"(《王文成公全书》卷一《语录一》)知行是一个工夫的两面,知是行为的指导思想,贯彻行之始终,行是知的贯彻、落实,知是行的发动者,行是知的结果。知与行二者始终联系在一起,不是不能分离,而是无法分离。知而不行,不是真知,而是妄想;行而不知,不是笃行,而是冥行。他说:"知之真切笃实处,即是行;行之明觉精察处,即是知。知行工夫本不可离。"(《王文成公全书》卷二《答顾东桥书》)这里已经不是"知行合一"了,而是知即行,行即知了。知行合一毕竟还能保持知与行的独立性,是两个东西的合一,当"知之真切笃实处"不是知而是行,行之"明觉精察处"不是行而是知的时候,知行是一而非二,后人批评王阳明的知行合一是"借知以惑行""消行以归知",不无道理。

王阳明认为他"平生讲学,只是'致良知'三字"(《王文成公全书》卷二十六《寄正宪男手墨二卷》)。"致良知"是阳明学的核心、主旨,也是他最得意处，"心即理"是"致良知"的根据，"知行合一说"是"致良知"的具体贯彻。当然，他学说的最终目标是让人"见父自然知孝，见兄自然知弟，见孺子入井自然知恻隐"（《王文成公全书》卷一《语录一》），达到道德的高度自觉，通过内心的"省察克治"等修养工夫，人人达到圣贤的境界。

王阳明是明代最富有创造性的思想家，同时是有着世界影响力的哲学家。阳明学形成后，迅速传遍大江南北，江西、浙江、福建、河南、山东等地，形成了所谓江右王门、浙中王门、南中王门、楚中王门、闽粤王门、北方王门、泰州学派等流派，并称为"王学七派"。王门各派后学，均以阐发阳明学说为己任，将阳明学的学脉与精神延续下去。特别需要注意的是泰州学派，其创始人是明代学者王艮，他以"百姓日用即道"为旗帜，高扬"人人君子""比屋可封"的理想，农夫、樵夫、陶匠、灶丁等等都可学、可行、可讲、可授。泰州学派的杰出代表有颜钧、韩贞、朱恕、王襞、罗汝芳、何心隐、李贽、焦竑、周汝登等人。

阳明学传至日本、朝鲜半岛以及东南亚的一些国家与地区，在这些国家与地区产生了深远的影响。王阳明将立德、立功、立言"三不朽"集于一身，其成就与伟业著于竹帛，载入历史。

四、明清之际对宋明理学的反省

宋明理学是儒学的新形态，是对先秦儒学的新发展、新创造，当代不少学者称宋明理学为"新儒学"。自东汉末年至隋唐，儒学虽然没有失去意识形态的主体地位，虽然还是官方公认的学说与国家指导思想，然而，儒学理论的创造却不敢让人恭维。反观中国化了的佛学群星闪烁，高僧大德代不乏人，而道家与道教也在这一时期华丽转身，形成不同道派，吸引了不少信众。宋代有一个"段子"：

> 王荆公尝问张文定："孔子去世百年，生孟子亚圣。自后绝无人何也？"文定言："岂无？只有过孔子上者。"公问是谁？文定言："江南马大师，汾阳无业禅师，雷峰岩头丹霞云门是也。儒门淡薄，收拾不住，皆归释氏耳。"荆公欣然叹服。（《宋稗类钞·宗乘》）

王荆公即王安石，张文定即张方平，两人都是宋神宗时期的当朝大员。王安石问张文定，孔子以后，百余年有孟子，而孟子以后为何儒门没有创造性的大师了呢？张文定竟然给王安石半开玩笑地说，大师还是有的，但都到佛教那里去了。"儒门淡薄"，已经"收拾不住"局面了。北宋时，文化繁荣，理学兴起，前面谈到的"宋初三先生""北宋五子"都是儒门豪杰，都足以支撑起局面，不是"收拾不住"。问题是，无论是王安石，还是张文定，都是贵耳贱目或目不见睫之辈，他们谁也不愿承认张载、二程、司马光等人的理论贡献与学术地位。一个人的历史地位不是当代人说了算，而是历史说了算。

1. 理想与现实

宋明诸大儒出入佛老，又力辟佛老，以儒学为主体、为本位，融铸佛老，实现了儒学理论形态的转变，继先秦儒学之后，形成了儒学发展史上的第二个高峰，造就了儒学新的形态，领中国思想创造数百年，实现了儒学从庙堂到山林、从都市到乡野的全面振兴，确有功于儒门。宋明理学出，天下几乎再无高僧高道，佛门淡薄，道门冷清，已经成为历史的必然。问题是宋明理学如此强盛，中国为什么还会亡于异族？南宋灭亡，陆秀夫抱小皇帝在崖山跳海，成千上万志士随之蹈海而死，以至于有人惊叹："崖山之后无中国。"明代，王学风行天下，晚明时内忧外患，满清区区三百万之众，挥师入关，竟然统治中国近三百年，为什么？反观自西汉到隋唐，这一时期是经学，不是理学，中国所面临的异族入侵的压力决不小于宋、明的压力，但在长达千余年的时间里，虽有五胡乱华，继之南北朝分治，但中国从未被异族全面统治过。对宋明理学家们而言，理想与现实存在着巨大的张力，套用社会上流行的话说：理学家的"理想很丰满，现实却很骨感"，这对于以"为天地立心，为生民立命，为往圣继绝学，为万世开太平"自期的理学家们来说，是何等的悖谬！明末清初，经过这次天崩地解的历史大变局，每一个有思想的中国人都在思考着，探索着。顾炎武、黄宗羲、王夫之、颜元、戴震等人是其中的杰出代表。

2.批判与反省

明末清初的思想家们以大无畏的精神，对占统治地位、清统治者极力推崇的程朱理学展开强烈批判。颜元、戴震的批判最为猛烈。颜元站在实学、习行的立场上批判程朱。他说："迨辛未游中州，就正于名下士，见人人禅宗、家家训诂，确信宋室诸儒即孔、孟，牢不可破。口敝舌罢，去一分程朱，方见一分孔孟；不然，则终此乾坤，圣道不明，苍生无命矣。"他将程朱与孔孟直接对立起来，以孔孟的权威批判程朱理学，"去一分程朱，方见一分孔孟"，这对于以孔孟道统自居的程朱理学来说是最不能接受的。戴震直斥程朱理学家们是"以理杀人"而让人死不敢辩的凶犯。他说："宋以来儒者，以己之见，硬坐为古贤圣立言之意"，"其于天下之事也，以己所谓理，强断行之"，"而其所谓理者，同于酷吏之所谓法。酷吏以法杀人，后儒以理杀人，浸浸乎舍法而论理死矣，更无可救矣！"（《戴震集·文集九·与某书》）在戴震看来，程朱理学所说的"理"并没有真凭实据，不过是"己之意见"。以自己的意见去衡断天下之事，就等于酷吏之法。酷吏以法杀人，而理学家是"以理杀人"。颜元还把广国之责推到程朱理学头上，他说："误人才、败天下事者，宋人之学。"这是宋儒不能承受之重。

相比于颜元、戴震的思想批判，黄宗羲的批判更深刻一些，他透过思想层面直接触及中国传统政治制度的设计。他说："古者以天下为主、君为客，凡君之所毕世而经营者，为天下也。今也以君为主，天下为客，凡天下之无地而得安宁者，为君也。是以其未得之也，屠毒天下之肝脑，离散天下之子女，以博我一人之产业，曾不惨然！""敲剥天下之骨髓，离散天下之子女，以奉我一人之淫乐，视为当然。"由此，他明确指出："为天下之大害者，君而已矣。"（《明夷待访录·原君》）黄宗羲认为，天下者，天下人之天下，不是一己、一姓之天下，因而"天下之治乱，不在一姓之兴亡，而在万民之忧乐"（《明夷待访录·原臣》）。天下之治乱在于万民的福祉，而不在一己、一家、一姓之兴亡。王夫之与黄宗羲一样，批判"私天下"，主张"公天下"。他说："一姓之兴亡，私也，而生民之生死，公也"（《读通鉴论》卷十七），因而"以天下论者，必循天下之公，天下非夷狄盗逆之所可尸，而抑非一姓之私也"（《读通鉴论》卷末《叙论一》）。这是对"家天下"的反省与超越，"公天下"意识的萌生让人嗅到了中国哲学家们清新的气息。

3.责任与担当

王夫之见明王朝大势已去，为躲避清政府的追捕，隐伏湘南一带，过着流亡生活，窜瑶洞，居荒山，以教书为生，体民情之艰，哀亡国之痛，总结明亡教训，"抱刘越石之孤愤"，"希张横渠之正学"，以"六经责我开生面"的大无畏精神，发愤著述，写下了《周易外传》《尚书引义》《张子正蒙注》《读四书大全说》《诗广传》《思问录》《老子衍》《庄子通》《黄书》《续春秋左氏传博议》《春秋世论》《读通鉴论》《宋论》等书，凡七十余种，四百余卷，涉及经学、小学、子学、史学、文学、政法、伦理等领域。他以著书讲学的方式担起了承续中华文化的道统、延续华夏文化慧命的历史责任。

顾炎武是明清之际最负盛名的经学家、史地学家、音韵学家，也是一位不屈不挠抗清复明的志士，其"博学于文，行己有耻"的人生信条至今激励着人们。他在经学、史学、音韵、小学、金石考古、方志舆地以及诗文上的造诣，扭转了宋明以来的学术风气，开启了以经世致用为宗趣，以考据为方法，注重实际、切于实用的一代学术新风。

顾炎武认为学问在于"利国富民"，主张"明道救世"。在他看来，私与公是相对的，是可以相互转化的。"自天下为家，各亲其亲，各子其子，而人之有私，固情之所不能免矣。……合天下之私以成天下之公，此所以为王政也"。（《日知录》卷三《言私其豵》）他承认人之有私欲是不可避免的，是完全合乎情理的。利用人们的私心可以成就天下之大公，这一观念无疑令人耳目一新。

顾炎武针对明朝灭亡，满清异族入关，指出"亡国"与"亡天下"之不同，一家一姓王朝的灭亡是"亡国"，是一个朝代的政权亡了，这是"肉食者"即权力拥有者的事情，"亡天下"是指"仁义充塞，率兽食人"，是华夏民族的价值标准亡了，是中国人生活方式和民族文化的灭亡，这是关系到每一位老百姓的事，由此，他指出"天下兴亡，匹夫有责"。顾炎武的一生以"天下为己任"而奔波于大江南北,力图拯斯民于涂炭,为万世开太平。

在天崩地解的时代里,颜元主张做"转世之人","不要为世转之人","转世之人"即扭转乾坤之人,而"世转之人"即随世沉浮之人。他身体力行,力倡习行,转向实际学问。他说:"如天不废予,将以七字富天下:垦荒,均田,兴水利;以六字强天下:人皆兵,官皆将;以九字安天下:举人材,正大经,兴礼乐。"(《颜习斋先生年谱》)中国传统社会的根本问题是土地问题,他在"天地间田宜天地间人共享之"这一根本原则下,提出了恢复井田制,实现均田,以解决农民的土地问题;在军事上,在"天下人人皆兵"的口号下,他提出了兵农合一、寓兵于农的主张;在政治上,在"尽天下人民之治,尽天下人材之用"的旗帜下,他否定在中国行之两千多年的高度集权的郡县制,要求恢复封建制,加强地方责权等等。这些思想在当时都足以惊世骇俗,言人所不敢言,议人所不敢议。

颜元倡导实学,他本人就是实学的身体力行者。他善音律,能书法,娴于骑术,长于射箭,精于技击,幼习医术,壮而研兵书战阵、天文历数,对在当时中国存在的各种学问,可谓无一不通。他曾任主教的漳南书院,分文事斋,课礼、乐、书、数、天文、地理等;武备斋,课黄帝、太公及孙吴诸子兵法,攻守、营阵、陆水诸战法;经史斋,课十三经、历代史、章奏、诗文等;艺能斋,课水学、火学、工学、象数等……这些都透显出颜元实学的理论。

面对明王朝覆灭的现实,明清之际的思想家们痛彻反省宋明理学的得失利弊,思想家们由宋明理学家们的空谈心性转向社会客观实际,由宋明理学家们的静转向动,由理学转向经学,这种转化在中国文化史上具有重要意义。顺着这种理论思路走下去,中国文化未尝不可以克服自身的缺陷,开出新的局面乃至新的形态。然而由于满清屡兴文字狱,天下士子噤若寒蝉,以至万马齐喑,知识分子只有将自己的全副聪明才智、心血力气用在相对比较安全且远离现实的故纸堆中,专意考证,明清之际思想家的反省因文化上的高压政策被悬置了。直到西洋的坚船利炮轰开国门,儒家知识分子放眼看世界,迈步走出国门,与西方近代文化相遇相激,中国传统文化打乱了自身固有的发展进程,开始走向世界,走上现代化的发展道路。

第八章　中华文化与民族精神

文化是一个民族的精神标识，是民族的精神血脉。中华文化是中华民族的重要精神标识，是中华民族的精神血脉。事实上，文化是精神的载体，精神是文化的内核，我们可以通过中华文化去展示民族精神，也可以透过民族精神去发掘中华文化内在的价值支撑。

一、天人合一的思考方式

天人合一是中华文化的重要特征，它既是中国人修养的境界，更是中国人处理问题的思维方式。在中国文化体系中，无论是儒家，还是道家、墨家等，虽然对天的理解不同，但都认同天人合一。天人合一在中华文化中的含义非常复杂，有如天人合德、天人相参、天人感应、天人一体等不同的表现形式，因为天在中国文化中就有不同的含义，既有人格神意义上的"主宰之天"、道德意义上的"义理之天"，还有自然意义上的"自然之天"等等。在中国文化中不管天有多少种含义，也不管天人合一有多少种表现形式，大家对天人合一的追求是一致的。

儒家是中国文化的主流，儒家的天人合一也最为复杂，含义多种多样，但天人合德是其最重要的表现方式。天人合德就是人与天在德性意义上相统一、相一致、相协调。在此意义上的天人合一，对人而言是一种修养的境界，达到这种境界的人顺天之意，效天之德，以全副的生命去体现天德，天德即已德，已德即天德，实现天人合一。"天行健，君子以自强不息"，"地势坤，君子以厚德载物"，天行至健，运行不息，从不知疲倦，这是天的德性，作为君子应当效法天德，自强不息。大地广大深厚，无所不载，这是大地之德，君子应当效法大地之德，无所不包，无所不容。我们常说，海纳百川，有容乃大，而中国哲学家告诉人们，海不足大，大地才大，海只能纳百川，大地还可以纳千山、容万水、包万物。"宰相肚里能撑船，将军头上能跑马"，包容心已经够大，但效法天地之德的人是真正的"大人"。大人之大不是年龄大、官大位高，而是心量大、德性大。"夫大人者，与天地合其德，与日月合其明，与四时合其序"。(《易经·乾卦·文言》)上下与天地同流，天人一体。

有人会说，作为大儒的荀子主张"天人相分"，难道他也讲天人合一？是的，他的思想从本质上讲也是天人合一。荀子是要先明白"天人相分"，才能真正领会"天人合一"。他的天人相分的"分"不是分开、分离的分，而是职分的分，说到底他的分不是分开、分离的意思，而是"角色定位"的意思。他的天人相分是说"天有其时，地有其财，人有其治"(《荀子·天论》)，天、地、人三才各有其能，不能混同，但这并不是说天与人没有统一性、一致性了，天与人都离不开礼，天与人在礼的意义上实现统一。他说："天地以合，日月以明，四时以序，星辰以行，江河以流，万物以昌，好恶以节，喜怒以当，以为下则顺，以为上则明，万物变而不乱，贰之则丧也。礼岂不至矣哉！"(《荀子·礼论》)荀子的天人合一是天与人合于礼这个一。

先秦时代的重要思想家都讲天人合一，孔子、孟子是在"德性"意义上讲"践仁以合天",墨子是在"天志"意义上让人顺天之志,老子是在"法自然"的意义上天人合一,庄子是在"天地与我并生,万物与我为一"意义上的天人合一,荀子是"履礼以合天",汉代董仲舒是在"天人感应"意义上天人合一,宋明理学家们在"理"的意义上讲天即人、人即天、天人不二等等。天人合一是中国人修养的境界,也是中国人思考问题的方式和处理问题的方法。

在天人合一这一大的思维框架下,中国人在个人修养上,追求表里如一、言行一致、知行合一;在家庭生活中,追求家和万事兴;在邻里关系上,追求和睦相处;在国际关系上,追求和平相处;甚至在生意场上,追求和气生财;在艺术创作上,追求情境合一;在哲学上,追求物我一体等等。在处理人与自然的关系上,中国人追求人应效法自然,顺应自然,保护自然,"数罟不入洿池","斧斤以时入山林"(《孟子·梁惠王上》)等等,要求与自然和谐发展。

二、守中贵和的处事方法

"中"这个概念在中国文化中具有重要意义。《论语·尧曰》载尧将天子之位禅让予舜,同时也将自己平治天下的政治智慧传授于他,这就是"允执厥中"四字。"允执厥中"就是要牢牢把握住平治天下的中正、中道原则。舜禅让天子之位予禹时,同样以"允执厥中"相告诫。朱熹认为,尧、舜、禹为天下之大圣,而天子之位相传授是天下之大事,以天下之大圣行天下之大事,叮咛告诫,不过如此。中国文化的道统,说到底就是中道之统。

中道就是中正之道,中和之道,中庸之道。它既是我们做人的原则,也是我们处理一切事务的方法，同时还有恰到好处的意思，也就是无过无不及，用今天的话说，就是"适度原则"。守中一方面是守住中正、公允的原则，另一方面是要坚守恰到好处地处理问题的分寸。

"和"就是和睦、和谐、和平，贵和就是"以和为贵"。《尚书》中就有了"八音克谐"，不同的音符可以产生最美的乐章，同一个音符不可能形成乐章。古人很早就注意到和同之辨，西周末年有位名叫史伯的思想家就提出了"和实生物，同则不继"的命题，认为不同性质元素的事物的恰当配合就可以产生新的事物，而同一性质元素的结合则不能产生新的事物，主张有差异的多样性统一。比孔子稍早一点的齐国宰相晏婴也从君臣关系的角度论证和同之辨。孔子则明确提出："君子和而不同，小人同而不和。"而孔子的学生有若旗帜鲜明地提出"礼之用，和为贵"的思想，确立了中华民族"贵和"的处事方式。

《中庸》进一步将"中"与"和"联系起来，"致中和，天地位焉，万物育焉"。"致中和"就是达到中和状态，实现了中和的理想境界，一片天机自然，天在上，地在下，各具其位，秩序井然，万物发育流行，生生不息。中和就是最好的和谐，恰到好处的和谐。"中"，在中国哲学中是一个动态观念，不是一个一成不变的范畴，这就是时中。"时中"既包括时时而中，也包括因时而中。世界上的一切事物都是变化的，因而我们处理问题时不能死搬教条，更不能墨守成规，而是要因时制宜、因地制宜，在用兵打仗方面要因敌制胜。这是中国人很高明的智慧。

守中贵和既是中国人的处事方法，也是中国人的理想追求；既是手段，也是目的。作为处事方法，中国人认为坚守中正原则，秉持公正精神，心平气和地处理问题是理所当然的。作为理想状态，恰到好处地处理好一切问题是中国人的追求。在中国哲学那里，手段就是目的，目的也是手段,手段与目的二者高度统一。

三、与时偕行的应变心态

二千五百多年前,孔子站立河岸上,望着滔滔而下的河水,发出这样的赞叹:"逝者如斯夫,不舍昼夜!"逝去的一切如河水滔滔,一去不返!万物在变,人也在变,世界上的一切都会变,世界本身就在变,大化流行,生生不息。正所谓"苟日新,日日新,又日新","日新之谓盛德"。既然一切都是变化的,人就不能以不变应万变,而是随着变化而变化,这才是守中贵和之道。

《周易·益卦·彖传》说:"天施地生,其益无方。凡益之道,与时偕行。"这是说,上天施气于地,大地接受天之气而化生万物,这是天损于上,大地受益于下。大地受益,化生万物,没有规定要怎么样,不要怎么样。因此,益之道就是根据时代的变化,做出恰当的评判,与时代一同进步,一同发展。《周易·乾卦·文言》也说"终日乾乾,与时偕行",我们要努力进取,争取与时偕行。

中国古代所说的"时",是一个比较复杂的观念,不能简单地与我们今天所说的时间等同,"时"有时机、机遇等含义。范蠡在劝越王勾践抓住灭吴的大好时机时说:"从时者,犹救火、追亡人也,蹶而趋之,惟恐弗及。"(《国语·越语》)"从时"就是顺应历史机遇。机遇期的窗口一开随时可能关闭,因而应抓住这一机遇,乘势而上,否则历史机遇稍纵即逝。《汉书·蒯通传》:"夫功者难成而易败,时者难值而易失。'时乎时,不再来。'"蒯通劝韩信抓住时机时说,功业难建,但却非常容易败坏,历史机遇非常难得,却很容易丧失,良好的时机一旦丢失了,就不会再来了。

唐人刘禹锡也感叹:"时乎时乎! 去不可邀,来不可逃。"(《何卜赋》)故孔子有"使民以时"之言,孟子有"不违农时"的告诫等等。抓住机遇,乘势而上,也是与时偕行的表现形式。

中国文化一向反对固步自封、画地为牢、食古不化,而追求除旧布新、推陈出新、唯变所适的求变、应变的心态。与时偕行,与时俱进,反映了昂扬、向上、乐观的人生态度,表达着中华儿女奋发进取的精神面貌。

四、厚德载物的包容精神

世界上有不少文明古国,但这些文明古国基本上都已经消亡了,没有延续到现在,而唯有中华文明保持着同一种族、同一文化而延续下来了,中华文明为什么会保持数千年而不绝呢? 我们认为,这与中华文化的包容精神是分不开的。

中华文化本身就是一个开放、包容的系统。华夏儿女祖先的图腾崇拜——龙本身就是不同图腾的融合,有人说它头似驼、角似鹿、鼻似狮、身似蛇、鳞似鱼、爪似鹰、耳似牛等,显然它是融合诸种动物的特征于一身而形成的。包容是融合的前提,没有包容,融合便无从谈起。所谓"海纳百川,有容乃大。壁立千仞,无欲则刚","太山不让土壤,故能成其大;河海不择细流,故能就其深"(《史记·李斯列传》)。一部中华文化的发展史就是开放包容、融异创新的历史,夏、商、周三代在礼乐文化上因革损益,文质交替,孔子删《诗》《书》、定《礼》《乐》、赞《周易》、著《春秋》,是对夏、商、周三代文化的融合。西汉时代所谓的"罢黜百家,推明孔氏","罢百家"事实上是融合百家、超越百家,汉人如董仲舒的理论体系就是以儒家仁义礼乐思想为主体,融合墨家的天志、明鬼,阴阳家的阳贵阴贱、五德终始以及名家学说等综合而成。唐代以后,儒、释、道三教合一的思想成为许多思想家的追求,由此追求才有宋明理学的出现。近代以来,西方文化强势输入中国,从魏源的"师夷之长技以制夷"起,中国人就踏上了学习西方文化、融合西方文化、再造中国文化新形态的过程。中国文化的发展过程是一个开放包容的过程,开放包容,融异铸新,是中国文化生命力之所在。

"万物并育而不相害,道并行而不相悖"。(《中庸》)中国古人认为,世界并不是冲突的矛盾体,而是各安其位,各有分际,运行不息的和谐体。天覆地载之道、日月光明之道、四时交替之道、江河流淌之道等等,并行不悖,万物在天地之间生生不息,谁也不妨碍谁,正是万物不同,有差异,世界才会丰富多彩。

"地势坤,君子以厚德载物"。(《周易·乾卦·象传》)大地宽广而深厚,无不承载,君子应该效法大地,胸怀宽广,无所不容。《增广贤文》有言:"将相胸前堪走马,公侯肚里好撑船","走马"与"撑船"都是形象的说法,意在向人们表明:大凡举大事,成大业者,一定要心胸广大。一个人心量的大小与事业的大小成正比,一个人心胸狭窄,不能容人,尤其是不能容比自己能力强的人,以至于嫉贤妒能,就超出了心量问题而成为品德问题。《水浒传》中梁山泊白衣秀才王伦,由于不能容人,结果落得个身首异处的下场。由此可见,有没有宽广的胸怀,有没有足够的容量,不仅关系到事业的大小,有时还关系到一个人的生命安危。

五、自强不息的人生态度

任何一个民族都有自己独特的人生观,而一个民族的人生观往往为这个民族的宗教信仰所支配，一个民族的宗教信仰、哲学观念决定了一个民族的人生观。

欧美人的主流信仰是基督教（包括基督新教、天主教、东正教），基督教深刻地影响着西方人的人生观。基督教徒的经典叫《圣经》，《圣经》分《新约圣经》和《旧约圣经》。《旧约圣经》的开篇为《创世记》，耶和华神第一天创造了光；第二天创造了空气；第三天创造了植物；第四天创造了时间；第五天创造了动物；第六天按照自己的形象创造了人，让人管理地上的一切动物、植物，这样耶和华神就创造出了整个世界；第七天是神的安息日，神就休息了。人是神创造的，人应该按照神的方式去生活，这就是西方周日的来历，所以有人又称周日为"礼拜日"，即礼拜神的日子。

中国人的人生观也受中国人的信仰所支配。在中国占主流的信仰认为，人不是神创造的，而是天地创造的，是大自然的杰作。天是宇宙间一切万物的父亲，地是宇宙间一切万物的母亲，天施气，地受气，万物与人就生成了。孝是中国文化的重要范畴，孝就是善事父母，而最大的父母或者说人终极意义上的父母就是天地，所谓"天地者，生之本"，天地是人的生命的终极源头。对天地如何孝呢？中国古人认为，对天地的孝就是效，即效法天地之德就是天地孝子，违背天道、天理的就不是天地孝子。

"天行健，君子以自强不息"。（《周易·乾卦·象传》）这是说，天是健动不已、运动不息的，太阳东升西落，四时寒往暑来，从未停止过，有修养的君子应当像天那样，自强不息。在中国人生活中尤其是农业文明阶段，中国人没有退休之说，却有告老还乡、落叶归根之念，活到老，学到老，干到老。荀子在《劝学》中说，"学不可以已"，学习不可以停止下来。什么时候学可以停止下来呢？他说"学至乎没而后止也"，即生命结束了，学习才可以停止下来。终身学习，学习终身，终生工作，勤勉一生，这是对天德的效法。在中国古代社会,中国人效法天道而生活,不是西方那样依神的方式而生活;中国古人活到老,学到老,工作到老,有祭祀,但没有礼拜日或曰星期天。

自强不息包含着不屈不挠顽强向上的人生态度。孟子有言:"天将降大任于是人也,必先苦其心志,劳其筋骨,饿其体肤,空乏其身,行拂乱其所为,所以动心忍性,增益其所不能。"(《孟子·告子下》)坚贞不屈,确乎不拔是中华民族的优良品格,也是中国人的人生信念。中华民族的发展史是一部饱经患难的历史,她之所以能一次又一次从患难中挺立起来,昂首前行,得益于这种自强不息的民族精神。正是在这种思想的影响下,中国人认为挫折、患难是人的成长方式,是磨炼的机会,所谓"天降大任",才会让你有一番的磨难,经受一系列的挫折,增强你的韧性,成就你的才干,增长智慧,以堪当大任! 正是"苍天着意困英雄"! 自强不息的人生态度在这里转化为人生的信念、对挫折的达观以及敢于接受、勇于挑战的信心。

六、推己及人的仁爱精神

《荀子·子道》记载了这样一个故事:有一次,子路去见孔子。孔子问他:"知(智)者若何? 仁者若何? "子路回答:智者使人知道自己,仁者让人爱自己。孔子说,做到这样可称得上士了。子贡去见孔子,孔子以同样的问题问子贡。子贡回答说:"知者知人,仁者爱人。"孔子说,这可以称得上有修养的士了。颜渊去见孔子,孔子也以这个问题问他。他回答说:"知者自知,仁者自爱。"孔子说,这可称得上是明达的君子了。智包括人知、知人、自知,仁包含人爱、爱人、自爱。自爱是仁爱的起点,也是仁爱的终点。一个自爱的人才会让人爱，才会去爱人，才能实现真正意义上的自爱；一个自知的人才会知人，才会使人知，最后实现真正意义上的自知。

"仁"是孔子学说的核心范畴，是孔子学说的全部根据所在。仁就是爱，就是博爱。唐代大文学家韩愈在《原道》中说"博爱之谓仁"，是很有道理的。今天我们一说博爱就想到基督教的博爱，想到西方近代文化所宣扬的自由、民主、博爱，而忘却了"博爱"是中国人的发明。孔子的"泛爱众"是博爱的另一表达方式，而《孝经》则明确提出了"博爱"这个词："先王见教之可以化民也，是故先之以博爱，而民莫遗其亲，陈之于德义，而民兴行。"这是说，先王发现孝的教育可以让百姓良善，所以就将博爱教化放在首位。董仲舒的《春秋繁露》多处讲到博爱，"德莫高于博爱人""博爱而容众"等等。一句话，博爱不是西方的舶来品，而是我族文化固有之观念。

基督教徒所讲的"爱人若己"，将其翻译为"博爱"并不准确，若翻译为墨子的"兼爱"则基本对应，因为"兼爱"就是"爱人若己"的浓缩，与《孝经》《春秋繁露》《原道》等儒家著作所讲的博爱含义相去甚远。韩愈明确提出"博爱之谓仁"，但博爱只是仁的部分含义的表达，并不是仁的全部内容。孔子仁的含义非常丰富，它是各种美德的总根源。

从孔子始，儒家认为，仁是人的本质，人如果失去了仁这种品质，人就不成其为人了。所以《孟子·尽心下》认为，"仁也者，人也。合而言之，道也。"《中庸》也说："仁者人也，亲亲为大。"人如果失去了仁，人就不是人，反之，人具有仁，人就是人。这就告诉我们，一个人因为他有仁爱之心，才是一个人；没有仁爱之心，这个人就不是人。中国人骂人最凶狠的话就是不仁不义，不说人话，不办人事。一个不仁不义的人，说的话就不是人话，办的事就不是人事。

有个成语叫"麻木不仁"，为什么"麻木"会"不仁"呢？近代思想家谭嗣同有本书叫《仁学》，其中指出"仁是通"，不通就是不仁，通就是仁。"麻木"就是血脉不通，血脉畅通就不会麻木。我坐久了，姿势坐得又不对，腿会麻木；我枕着胳膊睡觉，时间长久了，胳膊也会麻木，都是血脉受到压迫造成的结果。仁在哪里？仁无所不在，仁就在我们身上，就在我们日常生活中。血脉畅通就不麻木，就是仁；血脉不流畅，会让人产生麻木感，麻木就是不仁。身体会麻木，人的心会不会麻木？同样会。身体麻木是身有病，心灵麻木是德有亏。人心之麻木就是对别人的困难、伤痛、疾病、灾害漠不关心，甚至心狠手辣地去残害他人，这种心就是不仁。宇宙间，人同此心，心同此理，用老百姓的话说"人心都是肉长的"，人人都有同情心、怜悯心、良心，一个人良心坏了，老百姓会说"良心被狗吃了！"一个有修养的君子，是要保障自己的良心如何才能不被狗吃，"君子所以异于人者，以其存心也"。(《孟子·离娄下》)君子与一般人不同，在于他能时时处处注意保存、长养自己的仁心。

人同此心，心同此理，我们的心是相互沟通、相互感通、相互感应的，甚至会心心相印。这种感通就是我们仁心的释放，感通于父母，就是孝；感通于兄长，就是悌；感通于国家，就是忠；感通于朋友，就是信。当然，儒家认为，仁爱从当下做起，从自己的身边做起，"爱有差等，始于亲始"。孔子的仁爱是"己欲立而立人，己欲达而达人"，"己所不欲，勿施于人"。也就是我们平常所说的，将心比心，推己及人。这种仁爱精神就是孟子所说的"老吾老，以及人之老；幼吾幼，以及人之幼"，"亲亲而仁民，仁民而爱物"，"人人亲其亲，长其长，而天下平"。

七、舍生取义的价值取向

文天祥有句名诗："人生自古谁无死? 留取丹心照汗青。"生命对每一个人而言都只有一次机会,生命对人之重要人人都明白。然而,活着与尊严相比,生命与道义相比,儒家认为人的尊严比活着重要,道义比生命重要。文天祥是儒家知识分子的典型代表,是孔子的信徒,他认为人的自然生命都会结束,人人都会死,自然生命是短暂的,但忠义将长存史册,光照千秋。

孔子曾言:"志士仁人,无求生以害仁,有杀身以成仁。"(《论语·卫灵公》)"志士仁人"是人间正义的化身,体现着人类的精神价值,是德性高尚的人;当自己的生命与成全仁德发生矛盾、冲突时,志士仁人会毫不犹豫地选择成仁,而不是求生,这是传统知识分子应有的气节、操守。孔子又说:"三军可夺帅也,匹夫不可夺志也。"(《论语·子罕》)三军可改变统帅,但一个普通的男子汉却不会改变自己的志向。三军虽然强大,但其统帅可以被对方抓去,一旦丢失统帅,三军就没有主心骨,马上垮掉、散掉。匹夫虽然只是一个人,但只要志向坚定,笃信善道,任何人、任何力量都无法让他改变志向。《三国志·蜀志·张飞传》记载:张飞攻下巴郡,活捉巴郡太守严颜。张飞斥责严颜:"我大军到来,为什么不投降?"严颜回击张飞:"你们毫不讲理,侵我州郡,我州只有断头将军,没有投降将军。"严颜虽然被活捉,失去了三军,只是一匹夫而已,但面对张飞这个三军统帅,面不改色,厉声斥责,头可断,但道义不能丢。张飞被其感动,义释严颜。

在孔子那里是"杀身成仁",到孟子那里就是"舍生取义":

孟子曰："鱼,我所欲也;熊掌,亦我所欲也,二者不可得兼,舍鱼而取熊掌者也。生,亦我所欲也;义,亦我所欲也,二者不可得兼,舍生而取义者也。生亦我所欲,所欲有甚于生者,故不为苟得也;死亦我所恶,所恶有甚于死者,故患有所不辟也。如使人之所欲莫甚于生,则凡可以得生者,何不用也? 使人之所恶莫甚于死者,则凡可以辟患者,何不为也? 由是则生而有不用也,由是则可以辟患而有不为也。是故所欲有甚于生者,所恶有甚于死者,非独贤者有是心也,人皆有之,贤者能勿丧耳。一箪食,一豆羹,得之则生,弗得则死。呼尔而与之,行道之人弗受;蹴尔而与之,乞人不屑也。"(《孟子·告子上》)

这是孟子的名言,也是千古绝唱! 杀身成仁,舍生取义,是中国知识分子、士大夫面对生死考验,为捍卫民族大义,捍卫人间正道,捍卫人的尊严,而义无反顾,慷慨赴死。颜杲卿、颜真卿、文天祥、史可法、谭嗣同、秋瑾、吉鸿昌、李大钊等等,在中华民族发展史上谱写了一篇篇可歌可泣的人生华章!

八、希贤希圣的人格理想

《三国演义》第二十一回"曹操煮酒论英雄",曹操与刘备一边品青梅酒,一边纵论天下人物。曹操问刘备:当今天下,谁为英雄? 刘备将当时的天下豪雄如淮南袁术、河北袁绍、荆州刘表、江东孙策、益州刘璋以及张绣、张鲁、韩遂等等数了个遍,曹操一一否定,指出这些人皆非英雄。曹操明告刘备:"夫英雄者,胸怀大志,腹有良谋,有包藏宇宙之机,吞吐天地之志者也。"刘备说:"谁能当之?"曹操以手指刘备,然后指向自己,说:"今天下英雄,惟使君与操耳!"这是曹操心目中的英雄,是他对英雄人格的界定:"胸怀大志,腹有良谋"。

英雄非人人可为,也非人人需为。时势造英雄,没有时势,英雄无用武之地,可能就是一位普通的百姓,终老于民间。人人成为英雄是不可能的,但人人成为君子、圣贤则是可能的,期于君子、终于圣人是以儒学为主体的中华文化的重要特征。

荀子在《劝学》中指出:"学恶乎始? 恶乎终? 曰:其数则始乎诵经,终乎读礼;其义则始乎为士,终乎为圣人。真积力久则入,学至乎没而后止也。故学数有终,若其义则不可须臾舍也。为之,人也;舍之,禽兽也。"学习从哪里开始? 哪里是终点呢? 学习的程序开始于读经典,最后读礼;而学习的目标始于成为一个士人,终于成为圣人。学习的程序有个终结,但学习的目标对人而言一会儿也不能离开。不断向圣人目标努力,是人的本分,放弃了向这一目标努力,人就成为禽兽了。这就是古人所说的"不为圣贤,则为禽兽"的最早来源。

多少有点文化知识或对字帖、书画有所了解的人,或到过故宫的人,对"三希堂"并不陌生。三希堂是故宫养心殿的一部分,是清朝乾隆皇帝的书房,原名温室,乾隆改名为三希堂。乾隆书写的"三希堂"匾额和《三希堂记》墨迹,至今还悬挂在墙上。三希堂为什么叫"三希"呢?"三希"其实就是"圣希天,贤希圣,士希贤"。

"希"是向往、仰慕的意思,"圣希天"是说圣人向往、仰慕天,希望自己能效法天道,像天那样自强不息、健动不已,像天那样高远、深邃,普照万物。"贤希圣"是说贤良的人即有德有才的人向往、仰慕圣人。"士希贤"是说读书人都希望自己成为一位贤良之人。三国时代,李康《运命论》就有孟轲、荀卿"体二希圣"之说。北宋范仲淹《上张右丞书》也有："希圣者，亦圣人之徒也。"希圣的人，也是圣人的信徒，从容中道，但不能仅仅抓住圣人的细枝末节。而明确提出三希的人是稍晚一点的、有宋明理学开山之称的周敦颐。他在《通书·志学》中说："圣希天，贤希圣，士希贤。伊尹、颜渊，大贤也，伊尹耻其君不为尧舜，一夫不得其所若挞于市；颜渊不迁怒，不贰过，三月不违仁。志伊尹之志，学颜子之学，过则圣，及则贤，不及则亦不失于令名。"这就是乾隆三希堂"三希"一词的来源。伊尹，曾耕于有莘之野，商汤三聘而起，成为商朝的开国宰相。他以其君不能成为尧舜那样的圣君，其民不能成为尧舜时代的圣民而深以为耻。而颜渊是孔子的学生，他一箪食，一瓢饮，在陋巷，过着简单的生活，但不迁怒，不贰过，其心三月不违仁，屡受孔子的赞叹。相传孔子弟子有三千之多，身通六艺者七十余人，颜渊为其三千弟子之冠，七十二贤之首。"志伊尹之所志，学颜子之所学"，超了伊尹、颜子就是圣人，达到伊尹、颜子的标准就是大贤。即使达不到伊尹、颜子那样，但以伊尹、颜子为标准也不会失去美好的声誉。

圣贤对人而言，不是能不能的问题，而是为不为的问题。在儒家看来，人皆可以为尧舜，"个个人心有仲尼"，人人都有一颗与圣人、与孔子一样的心，这个心叫圣心。"舜何人也？予何人也？有为者亦若是"。英雄是时势造的，能否成圣成贤则无关于时势，不管时代如何，是治还是乱，也不论一个人身份的高低，甚至不分是否接受过什么学校教育，都可以成为圣贤。正所谓"某不识一个字，也不妨堂堂正正做个人"。

明代思想家吕坤认为男儿有"八景"，即"泰山乔岳之身，海阔天空之腹，和风甘雨之色，日照月临之目，旋乾转坤之手，磐石砥柱之足，临深履薄之心，玉洁冰清之骨"（《呻吟语》）。"男儿八景"是人格形态的形象说法。"八景"将中国文化中的德性人格化为艺术性欣赏,由德性之善向艺术之美延展,实现了善与美的统一。

九、以德服人的全球治理方式

"天下"是中国文化的重要观念。在传统社会,中国人一向重视"天下",而相对忽视"国家",民族国家意识是由西方传来的。修身、齐家、治国、平天下,平天下或天下平是传统中国人的最高追求。

"天下"顾名思义就是天之所覆的普天之下,相当于今天的全世界或全球。如何治理天下? 中国古人有一套自己的理念。《中庸》认为治理天下国家有"九经"即九大原则:

> 凡为天下国家有九经,曰:修身也,尊贤也,亲亲也,敬大臣也,体群臣也,子庶民也,来百工也,柔远人也,怀诸侯也。修身则道立,尊贤则不惑,亲亲则诸父昆弟不怨,敬大臣则不眩,体群臣则士之报礼重,子庶民则百姓劝,来百工则财用足,柔远人则四方归之,怀诸侯则天下畏之。齐明盛服,非礼不动,所以修身也;去谗远色,贱货而贵德,所以劝贤也;尊其位,重其禄,同其好恶,所以劝亲亲也;官盛任使,所以劝大臣也;忠信重禄,所以劝士也;时使薄敛,所以劝百姓也;日省月试,既廪称事,所以劝百工也;送往迎来,嘉善而矜不能,所以柔远人也;继绝世,举废国,治乱持危,朝聘以时,厚往而薄来,所以怀诸侯也。凡为天下国家有九经,所以行之者一也。

这一段文献有三层含义,而且三层是环环相扣、层层递进的关系。首先它告诉我们治理天下国家的九大原则的具体内容:修养自身、尊重贤人,亲近亲人,敬重大臣,体恤群臣,爱护百姓,吸引工匠,优待远客,安抚诸侯。

其次,它向我们展示了每一条原则都有其特定功能,即这九大原则各自具有什么意义,这是在回答了是什么之后进一步的问题。所谓修养自身,治国平天下的正确原则就能确立;尊重贤人,作为天子,其思想就不会疑惑不决;亲近亲人,同族的兄弟叔伯就不会怨恨;敬重大臣,就不会迷失方向;体恤群臣,士的回报就会更加厚重;爱护百姓,百姓就会更加努力;招纳工匠,财用就会充足;优待远客,四方之人就会归顺;安抚诸侯,天下都会敬畏了。

再次,它告诉我们实现九大原则的具体路径,这就转入了第三层。斋戒那样庄重,穿着整洁,不符合礼仪的事不做,这就是修身;摒弃谗言,疏远女色,看轻财物而重视德行,这样就是尊崇贤人了;提高亲族的爵位,给他们以丰厚的俸禄,与他们在情感上保持一致,这样就是亲亲了;重予之权,授之重使,这样大臣就劝勉了;真心诚意地相信他们,并给他们以丰厚的俸禄,这样士人就尽力了;使用百姓,不误农时,少收赋税,这样百姓就努力了;每天检查,月月考核,付给他们的薪水粮米与他们的业绩相称,这样工匠就努力了;走时欢送,来时欢迎,嘉奖能力强的,怜恤能力差的,这样远方之人就归顺了;延续绝嗣的大夫之家,复兴废亡的小国,治理祸乱,扶持危弱,朝见和聘问都按时进行,赠送丰厚,纳贡菲薄,这样诸侯就会得到安抚了。

个人、家庭、国家、天下在中国人看来是一个环环相扣、连续不断的有机整体,平治天下从修身做起,从每一个国家做起,从每一个家庭做起,从每一个人做起,正所谓"人人亲其亲、长其长而天下平"(《孟子·离娄上》)。

中华文化一向主张德服天下，而不是威服天下，倡导王道，反对霸道。孟子说：

> 以力假仁者霸，霸必有大国，以德行仁者王，王不待大。汤以七十里，文王以百里。以力服人者，非心服也，力不赡也；以德服人者，中心悦而诚服也，如七十子之服孔子也。《诗》云："自西自东，自南自北，无思不服。"此之谓也。（《孟子·公孙丑上》）

打着仁义的旗号，以武力为手段，实现自己扩张的政治意图，这是霸道，用现代术语来说就是霸权主义。行霸道必须有势力尤其是军事势力做后盾，没有军事势力，一个蕞尔小国也想行霸权主义只能是自取灭亡。而以高尚的德行，推行仁义的价值观，就是一统天下的王道。王道不在于国家大小、势力强弱，凡是国家无不可行。霸权主义是以力服人，并不能真正让人心悦诚服，只是对方的力量没有你大罢了，一旦力量超过你，也会反过来以力压服你。以德服人，才能让天下人心悦诚服。

世界已经进入全球化时代。在这个时代里，每一个民族都是"地球村"的村民，如何治理这个"地球村"成为当代世界的重要课题。20世纪，人类发生过两次世界大战，经历了美苏两大霸权的长期冷战。冷战结束后，美国一强独大，借助其超强的军事势力，在世界各地频频挑起事端，策划"颜色革命"，搞得中东地区遍地狼烟、欧洲各国难民危机等等。美国式的"以力假仁"的霸道正在将人类带进死胡同，而中国的和平崛起，意味着"以德行仁"的王道越来越得人心。只有中国参与到全球治理之中，以孔子的"远人不服，则修文德以来之"为始点，以全人类的互利共赢为目标，以"和而不同"为手段，天下一家，四海若一人，真正以德行仁,实行王道,未来的人类才能避免冲突与对抗,实现世界永久和平。

十、天下一家的大同理想

中华文化一向主张"天下一家",不分种族,不分信仰,也不管你是什么宗,什么教,只要"敬而无失,与人恭而有礼","四海之内,皆兄弟也"(《论语·颜渊》);只要"言忠信,行笃敬","虽蛮貊之邦行矣"(《论语·卫灵公》)。因而,中国人认为,人与人之间宗教信仰的不同不是问题,不会因宗教信仰的不同而发生战争;种族、肤色的不同也不是问题,因为"凡是人,皆须爱,天同覆,地同载",也就不会发生种族冲突。中国人自孔子时代起,就在追求"天下为公"的"大同"理想。

> 大道之行也,天下为公,选贤与能,讲信修睦。故人不独亲其亲,不独子其子。使老有所终,壮有所用,幼有所长,矜寡孤独废疾者,皆有所养。男有分,女有归,货恶其弃于地也,不必藏于己,力恶其不出于身也,不必为己。是故谋闭而不兴,盗窃乱贼而不作,故外户而不闭,是谓大同。(《礼记·礼运》)

孔子在鲁国参加年终大祭——蜡(zhà)祭,仪式结束后,来到城阙之上,喟然长叹。他的学生子游正在他身边,便问孔子:"您为何如此感叹?"孔子说:"大道流行以及夏、商、周三代英杰辈出的时代,我未能赶上,但是我多么向往啊!"大同社会里,"天下为公",人人没有私心,更无尔虞我诈之念,一切出于公心。选举有德有才的人出来管理天下,人们都讲信用,大家和睦相处。人人相亲相爱,每一个人不仅孝顺自己的父母,也孝顺别人的父母;不仅慈爱自己的子女,也慈爱他人的子女。老年人得以安享晚年;年轻力壮的人,尽其所能,为社会做贡献;年幼的孩子都能得到良好的教育与成长;幼年丧父母的、老年丧子的、有残疾的、得了疾病的等等,"皆有所养"。男人有男人的本分、地位、责任,为国为家,要尽应尽的义务;女人都有自己的归宿。人人都为货物的丢弃于地而深感惋惜,但不是为了自己私藏;能力唯恐不是从自己身上施展出来的,但不是为了自己。所以世界上没有勾心斗角、没有明争暗夺发生,各种计谋都没有自己的用武之地,各种抢劫、偷窃、作乱的事件都不会出现,夜不闭户,路不拾遗,这就是"大同"。

"大同"是孔子的千年梦想,也是中华民族不断追求与向往的理想境界。1840年以来,中华民族饱经苦难,大同理想成为无数中华儿女的精神寄托与不懈追求。洪秀全以基督教为底本,力求建天国于地上,以"太平天国"相号召,发起了旨在推翻满清王朝、席卷大半个中国、坚持十四年的农民战争。近代思想家康有为写了一部《大同书》,力图将大同理想建于近代工业文明的基础之上。不过,康氏只是写了《大同书》,并没有找到通往大同的道路。孙中山先生融中西文化为一炉,力倡"民有""民治""民享"的三民主义,他认为他的"民生主义"就是"大同主义",就是社会主义。以毛泽东为代表的中国共产党人引入马克思主义中的科学社会主义,以共产主义相号召,团结各族人民继续向这一理想而努力前进。

十一、民胞物与的宇宙情怀

中华文化不仅要解决人与人之间的关系问题,还要解决人与自然、人与天地万物的关系问题,它不仅认为"天下一家",而且进而认为整个宇宙就是一个大家庭,这就是我们在这里要介绍的"民胞物与"思想。

"民胞物与"这一命题是由北宋哲学家张载首次提出来的。在张载看来,所有的人,不管你是黄种人,还是白种人,抑或黑种人;无论你是男人,还是女人;是大人,还是幼童,只要是人,都是我的同胞,所有的万物都是我的伙伴。张载将这一思想作为自己的座右铭,以此来要求自己、勉励自己。他说:

> 乾称父,坤称母;予兹藐焉,乃混然中处。故天地之塞,吾其体;天地之帅,吾其性。民吾同胞,物吾与也。大君者,吾父母宗子;其大臣,宗子之家相也。尊高年,所以长其长;慈孤弱,所以幼吾幼。圣其合德,贤其秀也。凡天下疲癃残疾、惸独鳏寡,皆吾兄弟之颠连而无告者也。于时保之,子之翼也;乐且不忧,纯乎孝者也。违曰悖德,害仁曰贼;济恶者不才,其践形,唯肖者也。知化则善述其事,穷神则善继其志。不愧屋漏为无忝,存心养性为匪懈。恶旨酒,崇伯子之顾养;育英才,颍封人之锡类。不弛劳而底豫,舜其功也;无所逃而待烹,申生其恭也。体其受而归全者,参乎!勇于从而顺令者,伯奇也。富贵福泽,将厚吾之生也;贫贱忧戚,庸玉女于成也。存,吾顺事;没,吾宁也。(《正蒙·乾称篇》)

这段话的大意是说,乾(天)称为父亲,坤(地)称为母亲,我非常藐小,却浑然处于天地之间。充满天地之间的气就是我的形体,天地之理就是我的本性,所有的人都是我的兄弟姊妹,而一切万物都是我的伙伴。天子是天地的嫡长子;而大臣则是嫡长子的管家。尊敬年龄高于我的人,就是尊敬自己的兄长；慈爱一切孤苦弱小的人，就是慈爱自己幼弱的弟弟。圣人，是我同胞中与天地合德的人；贤人，是我同胞中优秀的人。天下所有的衰老、残疾、孤苦无依、鳏夫寡妇，都是我同胞中穷困痛苦而无处诉说的人。及时地保护他们，是作为天地子女对父母应有的帮助。乐于保育同胞而不为己忧，是对天地父母最纯粹的孝顺。违背了天地（父母）之道叫作"悖德"，伤害仁德叫作"贼"，助长邪恶是天地不成材之子，而将天性充分体现于形色之身的人就是最像天地（父母）的孝子。体认并参赞天地化育万物，就是对天地事业的最好的遵循；穷尽天地化育之奥秘，就是对天地意志最好的继承。即使独自处于屋子最隐蔽处也能对得起天地神明而无愧无怍，才算没有玷污天地；时时保存仁心、涵养天性是事奉天地而不懈怠。厌恶美酒，是崇伯之子大禹对天地的顾养；教育英才，是颖考叔将孝子之情施予自己的同类。永不松懈，决不放弃，一定要使父母对自己满意，这是大舜的功劳；不逃避以待烹戮，这是晋献公的太子申生对父亲的恭敬。将从父母那里得来的完整身体，临死时完整地归还给父母，这是孔子的学生曾参；勇于顺从父命，这是周代大臣尹吉甫的儿子伯奇。富贵福禄的恩泽，是天地父母对我生活的厚爱；贫贱日常的忧戚，是天地对你的考验，是为了帮助你成就一番事业。活着的时候，我顺从、事奉天地之道；死的时候，得到永远的安宁。

《西铭》堪称千古奇文。全文千头百端，但彻始彻终围绕着一个中心展开，这个中心就是孝。孝是儒家文化的本质，也是儒家文化与"道法自然"的道家、出家入寺的佛教区别开来的重要标志。由天下一家到天地一家实现了由人间社会向宇宙无极的跨越，使孝由伦理范畴向哲学范畴转化。在天父地母的意义上，天地间的一切无不是天地创生的，无不是秉承着天地之气、天地之理的存在物。所有的人都是天地的儿女，所有的物都是我们的伙伴。人与人之间虽然有着社会地位的高低不同,贤与不肖之别,甚至还有不少的颠连无告的弱势群体,但在天父地母的意义上,大家都是兄弟姐妹,都是同胞,大家相互关心、相互照顾,就是长其长,就是幼其幼,就是补天地之缺憾,就是助天地之功,就是对天父地母最纯洁的孝!

道教重长生,佛教让人修来生,而儒家关注现世,关注当下。当下的人生既有富贵福泽,也有贫贱忧戚,富贵福泽是天地父母对你的厚爱,贫贱忧戚是天地父母对你的考验,是"苍天着意困英雄"! 活着的时候努力顺应天道,顺应地道,进而效法天道,效法地道,就是天地的孝子。死的时候,无愧此生,了无遗憾,获得永久的安宁!

"民胞物与"体现了中国文化的博大情怀,一种"上下与天地同流"的宇宙精神。立足于"民胞物与"的角度看宇宙,宇宙不是外在于我的生存空间,而是创生了我、内在于我的生命存在;宇宙是一个大家庭,天为父亲,地为母亲,人人都是天地的儿女,大家理应相亲相爱,而不是相互冲突与排斥。万物都是人的伙伴,作为天地儿女理应善尽子女之责,努力保护好自然万物,而不是任意宰杀生灵、挥霍万物。人不能体天地之心以为心,万物何所托命乎? 天地之生,人为贵,人贵在担承天地之责,尽天地之命,担负起保育万物的责任。

后　记

　　自2015年12月底,接受有关领导及相关专家的委托,担任本套丛书主编以来,常常感到自己陷入"德薄而位尊,智小而谋大,力小而任重"的窘境,每一天都在紧张、惶恐中度过。这里既有主观上自己学识、能力不足的原因,也有客观上从规划设计到具体写作上的难度。众所周知,中华文化源远流长,博大精深,而社区(乡村)文明又是一项前无古人的事业,如何在二者之间找到关联点,在传统与现代、学术与社区(乡村)文明之间找到契合点,探索出一条由高雅学术殿堂通往大众生活的道路,谈何容易! 不过,任务一旦确立,真如胡适先生所言,"做了过河的卒子,只能拼命向前"了。

　　课题组分配任务时,大家纷纷表示"中华文化与民族精神"一册,非颜老师莫属。我深知,这并非表示我的学术水平比大家高,作为课题组而言,更多是出于"蜀中无大将,廖化作先锋"的无奈! 作为本套丛书第一册,本人又是本课题的主持人,无论是作为整盘棋上"过河的卒子",还是作为无奈的先锋廖化,我"只能拼命向前",责无旁贷。面对有着五千年历史、博大精深的中华文化,如何用十几万字的篇幅,既不丧失其灵魂,又能深入浅出、生动活泼地予以展示,我也是几度"搔首踟蹰"!

　　经过近两年的努力,本书行将与广大读者见面了。在此,十分感谢山东省委宣传部各位领导以及中华书局的申社长给予的支持与信任；感谢课题组各位专家、学者给予指导与帮助；感谢李树超、邝宁、朱赞赞、刘雷、孟广帅、刘瑶瑶等同学为本课题研究付出的辛劳；尤其感谢李晋阳、张艺琼两同学读完本书书稿后，提出的中肯意见。

中华文化是中华民族的根与魂。此根需要中华民族的每一位子孙精心呵护之、滋养之；此魂需要中华民族的每一位子孙虔诚地守护之、保有之。我们一向认为，对中华民族精神之根与魂的护佑决不仅仅是少数文化精英的名山事业，而是千千万万普通大众的共同责任。"嘤其鸣矣，求其友声"，本书只能算作小鸟的嘤鸣，但愿能够得到更多回响的"友声"。在中华文化传承与发展的大道上，有你、有我、有他（她），风雨无阻，携手同行，共同圆一个伟大的中华文化复兴之梦。

由于本人学养不足，见识浅薄，书中肯定存有这样那样的不足，恳请方家予以指正。

颜炳罡

丁酉年孟春于山东大学